打开童空间，共筑宝宝屋

基于生态学理念的社区嵌入式托育服务环境创设的实践研究

奚 岚 黄 琼 主编

少年儿童出版社

目　录

第二部分
"宝宝屋"案例精选

第一部分

基于生态学理念的社区嵌入式托育服务环境创设的实践研究

第一章
问题的提出

一、概念界定

（一）生态学理念

生态学理念起源于生物学研究，发展于心理学研究，目前也被运用于教育学研究与实践。在教育学领域，生态学理念是指将教育视为一整个生态体系，系统对生态体系内的所有参与主体和教育环境各要素之间的关系进行研究，强调各要素在教育过程中的和谐、平衡和可持续发展。"基于生态学理念的社区嵌入式托育服务环境创设的实践研究"中的生态学理念延续上海市普陀区早期教育指导中心（以下简称"区早教中心"）一直以来的"生态全融合"理念，以包含整体性、开放性、多样性、动态性和可持续发展性特征的生态学思维和研究方法为指引，开展社区嵌入式托育服务工作，实现托育机构环境创设的实践。

（二）社区嵌入式托育服务环境

本研究中的社区嵌入式托育服务环境，特指以计时制的"幼儿托"为托育服务形式，通过资源嵌入、功能嵌入、管理嵌入等嵌入方式，在街道镇综合性服务场地开设的儿童活动空间，主要包括能够为1—3岁婴幼儿提供促进整体、和谐、均衡发展的生活及游戏活动的托育服务环境。

1.嵌入式

本研究中的嵌入式，特指以区早教中心为引领，联合街道镇及对口幼儿园，以街道镇综合性服务场地的儿童活动空间为依托，协同社会力量，以资源嵌入、功能嵌入、管理嵌入为特点的一种服务形式。

资源嵌入指的是材料及人员的嵌入。材料嵌入是指区早教中心在生态学理念的引领下，结合1—3岁婴幼儿的年龄特点，为社区托育服务点配置适宜的游戏材料。人员嵌入是指区早教中心带领相关早教指导站的教师共同参与社区托育服务点的环境创设。

功能嵌入通过以下三种途径来呈现。一是由第三方运营机构在社区托育服务点为有需求的1—3岁婴幼儿家庭提供线下计时制的托育服务；二是通过发放家庭育儿指导资料，为1—3岁婴幼儿家庭提供入户式科学育儿指导服务；三是借助区早教中心微信公众号平台，开展线上精准推送服务。

管理嵌入主要依托多部门协同参与管理来实现。本研究重点关注区早教中心对社区嵌入式托育服务场地环境创设及材料提供的动态指导与评价。

2. 托育服务

本研究中的托育服务，是指以社区生活圈为辐射范围，依托街道镇综合性服务场地的儿童活动空间，为辖区内有需求的1—3岁婴幼儿家庭提供专业的计时制"幼儿托"服务。

3. 环境

本研究中的环境由生活环境和游戏环境两部分组成。

生活环境以满足1—3岁婴幼儿在社区托育服务点基本的日常生活照料为主，包含儿童生活护理区、儿童盥洗室以及母婴照护室。

游戏环境以游戏材料的类别属性为划分依据，以同类别游戏材料归类摆放为设置原则，规划了运动材料区、探索材料区、建构材料区、阅读材料区、装扮材料区、艺术材料区等六大游戏环境区域。

（三）创设

本研究中的创设，特指创建和完善两个层面，具有过程性和能动性的特点。具体指在社区嵌入式托育服务点，以照护者、带养人和婴幼儿为主体，通过"创设环境—使用环境—评价环境—完善环境"这一螺旋上升的动态调整过程，使活动环境能够更好地满足1—3岁婴幼儿身心全面发展的需求。因此，"环境创设"在本研究中意为以生态学理念的思维方式为引领，在社区嵌入式托育服务点为1—3岁婴幼儿创设一个整体、开放、多样、动态以及可持续发展的生活环境及游戏环境，以促进婴幼儿身心全面、和谐、健康的发展。

二、研究背景

当今，随着终身教育思潮的传播与发展，托育服务在整体教育体系中发挥的作用越来越明显，适合教育的理念倡导基于"生态圈"理论打造"更加开放灵活的教育体系"，进而彰显社会"全育人"的协同，这也为1—3岁托育服务的开展指出新方向，提出新要求。但在实践调研中，发现区域内托育工作存在以下突出问题：

一是托育服务供给不足。随着"三孩政策"的实行，区域内群众对于托育服务的需求日益突出，供需出现地域性、结构性不平衡。

二是托育服务形式单一。托育服务机构基本是全日制，半日制已属零星状态，较难开展计时制等灵活多元的托育服务。而群众对于灵活多样的托育服务是有需求的。

三是托育市场服务质量参差不齐。结合区域内民办托育机构的创设与监管，环境创设是困扰他们的重要问题之一。

本研究将遵循生态学理念的思维及研究方法的五大特征，尝试从环境创设和材料提供两个角度在托育服务领域进行拓展性研究，探索一套普陀区社区嵌入式托育服务环境创设的模式，为社区嵌入式托育服务点（"宝宝屋"）提供环境创设及设备指南、环境创设方案、环境创设指标以及环境创设评价方案等，为区域内1—3岁婴幼儿家庭提供更多元、更适合、更科学的托育服务。

三、研究价值

（一）理论价值

基于现有研究中对托育服务环境创设的经验，丰富托育服务本土化实证研究成果，更新环境创设的理念与评价指标，弥补国内托育服务实证研究的空白。

（二）应用价值

1. 开展社区嵌入式托育服务环境创设的实践研究，有利于在区域内开发建设嵌入式普惠性的托育服务点，通过提供多元化、科学性、强规范化的托育服务，满足区域内人民大需要、多层次的托育服务需求。

2. 通过社区嵌入式托育服务，有利于缓解区域内家长的育儿压力，为其提供家庭科学育儿指导，帮助家长实现科学育儿。

3. 在环境创设的研究中，通过规范化教师操作指导手册的运用及培训，提升社区早教工作人员提供托育服务的能力。

4. 通过试点形成的相关机制与标准，能够为区域内其他街道镇及全国范围内开展社区嵌入式托育服务提供样本化参考与示范。

5. 将生态学理念贯穿于社区托育服务体系的打造，立体化、全方位实现"生态全融合，育儿高品质"思想，践行"适合教育"理念，为"三孩政策"实施提供保障。

四、理论研究基础

（一）生态环境理论

生态环境理论（Ecological Theory）是美国心理学家布朗芬布伦纳关于儿童心理发展的理论模型。他强调从人的生态环境出发研究人的发展，认为儿童的发展是其与所处的生态环境相互作用的结果。在布朗芬布伦纳的理论模型中，生态环境的范畴由小到大包括微系统、中系统、外系统、宏系统及时间系统。其中，微系统为儿童成长中直接接触和产生体验的环境，如家庭和学校都是儿童的微系统环境。中系统是指生活在其中的个人关系网络。外系统是指儿童并未直接参与，但却对他们的发展产生影响的系统，如父母的工作环境就是外层系统影响因素。宏系统指的是存在于以上三个系统中的文化、亚文化和社会环境，也是一个广阔的意识形态。时间系统，又叫历时系统，关注的是人生的每一个过渡点。

（二）建构主义理论

建构主义认为儿童的学习与发展是与环境不断相互作用的结果，儿童与环境相互影响、共同作用。皮亚杰的建构主义理论使用感觉运动来描述婴幼儿直接且具体的学习特征。感觉是指婴幼儿利用他们的感觉器官来收集周围世界的信息，运动则是指婴幼儿通过身体动作来学习。他指出，幼儿在前运算阶段的逻辑能力没有或充分得到发展，只有通过实际的动作操作，直接与环境发生互动，才能获得和丰富自己的经验。

（三）教育生态学理论

教育生态学运用生态学的原理与方法研究教育现象，主要是侧重于考察各种环境要素对不同生态主体及其生存状态的影响，其研究目的在于通过分析各种教育生态环境因素与教育主体之间复杂的、动态的关系，揭示教育发展的规律和生态机制，探索优化教育生态的途径和方法。

第二章
国内外研究现状与述评

本研究旨在探究社区嵌入式托育服务环境创设的问题，为此广泛收集了国内外研究现状与述评、托幼机构环境创设、托幼机构师幼互动、活动内容的相关文献。

近年来，随着托育服务需求增多，托育服务实践日益丰富。截至 2024 年 12 月，在知网平台以"托育服务"为关键词，共检索文献 1424 篇（2025 年为预测值）。如图 1 所示，自 2020 年起，相关研究逐年递增；如图 2 所示，主题分布以托育服务、婴幼儿、托育课程、婴幼儿托育服务等为主。可见，一方面托育服务日益受到关注，另一方面托育服务的相关研究中对于直接与婴幼儿发生作用的微观要素研究较少。

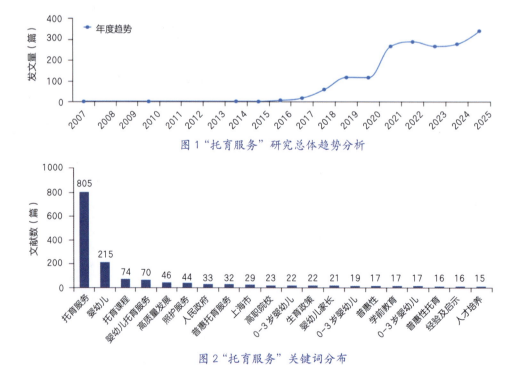

图 1 "托育服务"研究总体趋势分析

图 2 "托育服务"关键词分布

以"托育/环境创设"为关键词展开检索，截至2024年12月，共检索文献61条。如图3所示，文献发表年度自2019年起逐年上升，但总量仍较少。由此可见，关于托育服务的环境创设研究近年来日益受到关注，但仍处于初步阶段。如图4所示，文献主题分布涉及环境创设、幼儿园、托育师资、托育服务等。可见，托育服务环境创设研究的创建以幼儿园为主，托育服务环境创设的实践研究较少。

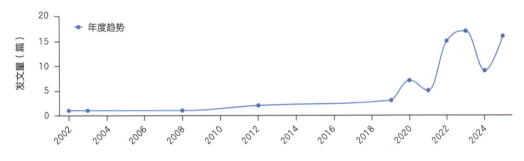

图3 "托育/环境创设"研究总体趋势分析

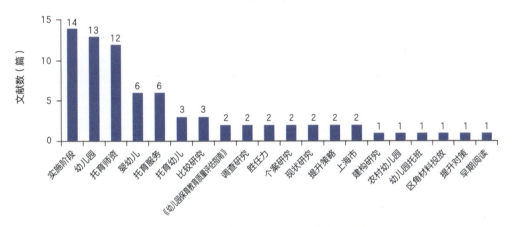

图4 "托育/环境创设"关键词分布

以"托育服务/环境创设"为关键词，共检索到文献16篇，查看文献的学科分布，如图5所示，涉及学前教育领域的有14篇。由此可见，在早期教育、学前教育领域开展托育服务环境创设的实践研究具有一定的必要性。

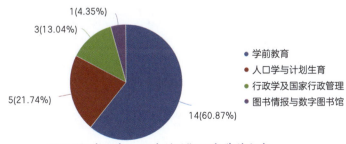

图5 "托育服务/环境创设"研究学科分布

通过检索，课题组发现在现有文献中，以托育服务环境创设为主体的研究甚少，因而课题组结合前期文献学习的启发，对关键词"环境创设"进行分解与重组，将范围放至各类托育服务机构，如托幼一体化园所中的托班、早期教育托育机构等场所，聚焦托幼机构的环境创设、托幼机构师幼互动、托幼机构的活动内容以及环境创设的评价等方面开展文献梳理。

为了更好地印证环境创设的研究结果，课题组计划编制一套适用于托育机构的环境评价量表。因此，针对现有的环境评价工具和相关量表，课题组将深入开展文献查阅与分析。

在此基础上，课题组进一步将"家长满意度"纳入文献查找范围，主要基于以下两点考虑：首先，家长作为托育服务的直接体验者，其满意度不仅反映了对托育服务质量的评价，也在一定程度上间接揭示了环境创设、师幼互动及活动内容对儿童发展与家庭需求的契合度。其次，现有研究表明，家长满意度往往与机构服务的可持续性及社会认同度密切相关，这为从多元视角探讨托育服务环境创设提供了重要参考。

一、关于"托幼机构环境创设"的相关研究

（一）关于"环境创设"内容的研究

研究者对环境创设内涵从幼儿园阶段开始定义，尚没有统一的定义。虞永平指出，"幼儿园环境是指幼儿园的空间及其内在的影响幼儿生长发展的各种因素的总和"。[1] 陈鹤琴认为，"需要布置环境以充实儿童的生活环境，丰富儿童的学习材料"。综上，在内涵上强调从儿童需要出发，将环境与儿童游戏相联系是统一的共识。

研究者对托育机构环境的研究日益立体、全面，在物理环境之外，关注托育机构各类空间。蒲阳在研究中指出，"托幼机构婴幼儿学习环境主要包括静态要素和动态要素两部分，静态要素包括托育机构的空间和教师队伍建设，动态要素包括婴幼儿日常照料、课程、游戏活动和人机互动"。[2]

研究者对于托班环境创设的研究关注生活化和归属感。其中，王菁在托班环境创设研究中指出，"从空间布局、生活环境、运动环境、人际环境、探索环境、艺术环境和语言环境等七个方面展开研究，每一个维度的研究都遵循完整儿童的发展"。[3] 王全

1. 虞永平. 幼儿园教育环境创设与利用的问题和思路 [J]. 早期教育（教育教学），2021(3)：4—7.
2. 蒲阳. C 市托育机构婴幼儿学习环境质量调查研究 [D]. 西南大学，2021.
3. 王菁. 基于观察的托班环境创设和材料提供的研究 [J]. 上海托幼，2021.9(A)：6—7.

妹在《托班适应期的环境创设》中提出，要"营造家庭般的温馨气氛""强化积极的情绪体验"，关注幼儿的情绪情感。[1] 这些都符合 0—3 岁婴幼儿年龄特点，但是具体规范化的操作方法仍有待丰富。

研究者对环境创设的研究以不同发展领域为着眼点，思考区域划分及材料投放。其中，张馨楠提出托育机构粗大动作智能区环境创设，要"以不同月龄段粗大动作发展的核心经验，把握创设目的、空间设置、材料提供等粗大动作智能区环境的创设要点"。[2] 陈凤提出，"托育机构区角，材料要符合安全卫生标准，材料选取要符合托班幼儿年龄特点和发展水平，材料的种类、数量要适宜，材料的放置要合理，材料的更换要及时"。彭晓梅、苏雪云基于托幼一体化视角探讨托育机构环境创设，遵循显性环境安全性、自然性、互动性、秩序性，隐性环境安全性与稳定性、尊重性与回应性的原则，强调环境创设应以婴幼儿本位，最大限度保护婴幼儿，确保安全健康。[3] 刘映辉认为，"在区域环境创设上需要制订目标，科学设计和规划游戏区域，提供适宜的游戏材料，优化材料的投放和管理。且应该从明确区域游戏指导的原则、明确在游戏中研究观察的角度、把握介入游戏的时机三方面提高教师指导托班区域游戏的能力"。[4]

（二）关于"环境创设"评价的研究

研究者注重对托育机构环境创设的评价，以评价指导创设实践。蒲阳以婴幼儿学习环境评量表（ITERS-R）为主要测评工具，对 C 市 13 家托育机构 21 个班级开展评价研究，发现"托育机构婴幼儿学习环境空间与设施规划不合理、配套不齐全、使用不恰当，婴幼儿日常照料环节缺乏科学性与规范性，游戏活动质量低下等问题"。[5] 张金果调研发现，"0—3 岁婴幼儿家长在托育机构满意度方面，对室内空间的满意度明显高于室外空间"。[6]

综上可见，关于托育机构环境创设的研究日益丰富，涉及婴幼儿不同发展领域环境创建的实践、对环境使用的评价等方面，目前总量仍不够丰富。此外在实践研究中，研究者将心理环境和物理环境相结合、将各领域物理环境相整合的研究仍较少。

1. 王全妹. 托班适应期的环境创设 [J]. 上海托幼，2022.1/2(A)：42-43.
2. 张馨楠. 托育机构粗大动作智能区环境创设 [J]. 保育与教育，2023.9A：21-24.
3. 彭晓梅. 苏雪云. 托幼一体化视角下 0~3 岁托育机构环境创设探讨 [J]. 上海托幼，2022(Z2)：24-25.
4. 刘映辉、薛慧等. 托班区域游戏的研究 [J]. 早期教育，2005（1）：14-15.
5. 蒲阳. C 市托育机构婴幼儿学习环境质量调查研究 [D]. 西南大学，2021.
6. 张金果. 0—3 岁婴幼儿托育服务家长满意度调查研究 [D]. 东北师范大学，2019.

二、关于"托幼机构师幼互动"的相关研究

（一）关于"教师师资"的研究

研究者逐渐明确教师师资在托育服务中的作用，围绕教师师资开展研究，探讨现有托育服务师资队伍的重要性以及存在的问题。翟宁认为，"训练有素的专业教师是提供优质幼儿保育和教育的关键"。[1] 朱琳、秦旭芳指出，"托育师资应扮演六种角色，即物理边界的制度遵守者和托育发展者、社会边界的照护培育者和支持指导者、心理边界的职业契合者和认知调节者"。[2] 而杨雪燕也指出，"民办机构师资力量远不如公办机构，教师、保育员素质参差不齐、持证比例低且流动性强"。[3]

（二）关于"师幼互动"的研究

研究者在探讨托育服务时，关注到托幼机构师幼互动是托幼机构质量的核心。梁思桐在研究中指出，"师幼互动存在以下问题：教师缺乏双向主体观念，忽视婴幼儿的主体地位；教师倾向于与'可爱'的婴幼儿互动；婴幼儿倾向于与能给予其安全感的教师互动；教师互动方式较为单一；教师缺乏对婴幼儿的情感支持；教师注重规则约束，忽视婴幼儿的自主权；教师忽视婴幼儿的独立人格"。[4] 巩蕴清等人运用《婴幼儿学习环境评量表(第三版)》对 31 所 0—3 岁婴幼儿托育机构的 48 个托班质量进行调查，发现教师在师幼互动中能够基本对婴幼儿的行为进行积极引导，且在一定程度上控制一日生活的各个活动。[5]

此外，研究者逐渐引入测评工具，运用测评工具对托幼机构师幼互动开展研究，主要指早教机构课程中的师幼互动。金佳梅子的个案研究指出，"早教机构的课程的情感性指标呈现中等偏上的水平；班级组织指标呈现中等水平；教育支持指标呈现中等偏下水平"。[6] 而金燕妮对 48 个托班师幼互动质量进行评估后，得出结论"师幼互动质量处于中等水平"。[7]

综上可见，目前托幼机构中师幼互动的研究，以评价研究为主，研究者将师幼互动的质量作为托幼机构质量的重要一环；托幼机构中的师幼互动以集体教学活动为主，

1. 翟宁. 社会照顾理论视角下中国的早期儿童照顾模式研究 [D]. 吉林大学，2019.
2. 秦旭芳，姜春林，党森. 0—3 岁婴幼儿托育服务从业人员职业化水平调查研究 [J]. 教育与教学研究，2021,35(03):76-86.
3. 杨雪燕，井文，王洒洒等. 中国 0—3 岁婴幼儿托育服务实践模式评估 [J]. 人口学刊，2019,41(1)：5-19.
4. 梁思桐. 0—3 岁婴幼儿托育机构师幼互动的个案研究——以韶关市 C 园 B 班为例 [D]. 广州：广州大学，2022
5. 巩蕴清，李克建. 浙江省 0—3 岁婴幼儿托育机构质量现状调查与建议 [J]. 幼儿教育，2019(36)：10-16.
6. 金佳梅子. 0—3 岁儿童早教课程师幼互动的个案研究 [D]. 厦门：福建师范大学，2017.
7. 金燕妮. CLASS Toddler 与 ITERS-3 在托育机构师幼互动质量评价中的应用分析 [D]. 杭州：浙江师范大学，2020.

缺乏对游戏和生活活动中师幼互动的研究。而在 0—3 岁阶段，游戏和生活是婴幼儿教养的重要方面，关注游戏和生活环节中的师幼互动，能更好地判断托育机构中成人对婴幼儿的支持是否恰当，是否有利于促进婴幼儿发展。

三、关于"活动内容"的相关研究

研究者对托育服务中的活动内容以介绍国外经验为主，且主要聚焦于集体活动。刘懿在文章中综述了德国《儿童日托机构的教育质量：国家标准集》、澳大利亚的托育课程组织及实施的形式、美国"FunShine Online"托育课程模式，指出"早教园的早教教育活动常见的有蒙台梭利课程、奥尔夫音乐教育、感觉统合训练等"。[1]

目前国内对于托育机构中的婴幼儿活动内容的研究较少。在 0—3 岁婴幼儿阶段，强调游戏是主要的活动方式，提倡差异化的个别化教育，如何与婴幼儿开展个别化游戏活动指导也是值得去思考的。

四、关于"环境评价量表"的相关文献整理

编制科学有效的托育机构环境评价量表，对于全面评估和提升托育服务质量至关重要。它不仅有助于系统衡量环境质量，指导机构优化设置，保障婴幼儿健康发展，提升家长满意度，也能推动行业标准化建设，并为政策制定提供参考依据。

《婴幼儿学习环境评量表》（ITERS）是国际上广泛应用并具有深远影响的 0—3 岁婴幼儿学习环境评价工具。其最新修订版《婴幼儿学习环境评量表（第三版）》（以下简称"ITERS-3 量表"）于 2017 年出版，适用于观察 3 岁以下婴幼儿在全日制或半日制托育机构中的学习环境。ITERS-3 量表的主要框架包括空间与设施、个人日常保育、语言与图书、活动、互动和课程结构六个子量表，共计 33 个项目，每个项目通过李克特七点计分法。[2]

尽管 ITERS-3 量表在美国的试测结果表明其具有良好的信度和效度，但其在其他国家的适用性尚未得到验证。评价工具的编制不可避免地受到文化和社会环境的影响，[3] 尤其是在应用于社区托育等特定形式时。因此，有必要参考国内相关文献和政策

1. 刘懿 . 0—3 岁早教园教育的问题及对策研究 [D]. 华东师范大学硕士学位论文 .2007.
2. Harms, T., Cryer, D., & Clifford, R. M. (2017). Infant/Toddler Environment Rating Scale, Third Edition (ITERS-3). Frank Porter Graham Child Development Institute, University of North Carolina at Chapel Hill.
3. 巩蕴清 .《婴幼儿学习环境评量表（第三版）》（ITERS-3）在中国婴幼儿托育机构评价中的适宜性研究 [D]. 浙江师范大学，2020.DOI:10.27464/d.cnki.gzsfu.2020.000827.

法规。

目前，我国在 0—3 岁婴幼儿托育领域环境相关的评价指标相对较少。《托育机构质量评估标准》是由中华人民共和国国家卫生健康委员会发布的推荐性卫生行业标准，旨在规范托育机构的办托条件、托育队伍、保育照护、卫生保健、养育支持、安全保障和机构管理等方面。[1]地方性文件如《上海市社区托育"宝宝屋"安防建设工作指南》，则从实体防护、技防、人防和制度四个方面，规范了"宝宝屋"的安全防范建设，确保婴幼儿的安全，为社区托育安全环境的评估提供直接的参考借鉴。[2]

相较之下，国内现有的关于 3—6 岁幼儿园的评价指标较为完善。因此，在制定相关评价指标时，还应借鉴部分 3—6 岁幼儿园的指标，并针对 0—3 岁婴幼儿身心发展特点以及社区托育实际情况进行适应性调整。《上海市幼儿园装备指南（试行）》提供了关于设施设备及玩教具配备和使用方面的指导。[3]《上海市幼儿园办园质量评价指南（试行稿）》构建了一个全面的质量评价体系，涵盖了园所管理、保健卫生和办园条件等多个关键领域。[4]

综上可以得出，托育机构环境评价量表的编制应当在坚持中国特色和上海风格的基础上，积极吸收国外优秀经验，广泛参考国内外已有的文献资料，基于社区托育的实际情况，确保量表的科学性、适用性和有效性。

五、关于"家长满意度"的相关研究

家长对托育服务的满意度是衡量托育机构质量的重要指标，直接影响家长对机构的信任和选择，而家长满意度受到多种因素影响。

目前，国内对家长托育服务满意度的相关研究多聚焦于环境与设施、师资配备、课程活动、便利质量、普惠程度、管理与服务等维度。当前研究发现，家长对托育服务的整体满意度较高，然而各维度满意度尚不均衡。[5]家长的受教育程度、职业、家庭收入、所在地域等因素在满意度水平上存在显著差异。[6]此外，一项中国台湾的研究指

1. 中华人民共和国国家卫生健康委员会 . 托育机构质量评估标准：WS/T 821–2023[S]. 北京：中华人民共和国国家卫生健康委员会，2023.
2. 上海市教育委员会，上海市公安局 . 上海市社区托育"宝宝屋"安防建设工作指南：沪教委托幼〔2023〕9 号 [S]. 上海，2023.
3. 上海市教育委员会 . 上海市幼儿园装备指南（试行）[S]. 上海，2020.
4. 上海市教育委员会 . 上海市幼儿园办园质量评价指南（试行稿）[S]. 上海，2020.
5. 吴慧娴，刘志峰，谭甲文等 . 0—3 岁婴幼儿托育服务家长满意度现状及影响因素研究——基于安徽省池州市 1880 个家长的实证分析 [J]. 陕西学前师范学院学报，2024,40(09)：96–109.
6. 张金果 . 0—3 岁婴幼儿托育服务家长满意度调查研究 [D]. 东北师范大学，2019.

出，服务的可及性（地理位置和接送时间）与可负担性（费用）是家长选择托育服务的重要因素。[1]

国外研究则进一步扩展了满意度评估的维度，尤其强调家长期望、需求及儿童的个人体验等主观因素。一项意大利的研究表明，家长满意度不仅与服务质量相关，还与家长的期望、需求以及儿童体验密切联系。[2]挪威开放幼儿园的满意度研究涉及儿童幸福感、物理环境、可及性、保教人员、信息获取及家长参与等方面，其研究结果显示在用户参与、信息整合及开放时间灵活性上尚需改进。[3]

综上可以得出，目前家长对托育服务的满意度研究呈现多维度、多角度的特点，但当前国内对托育服务家长满意度的研究相对较少，特别是针对社区托育方面的专门研究。家长满意度的研究对高质量托育服务的建设具有重要的实践意义。家长满意度是评估托育服务质量的重要指标，直接反映机构是否满足家庭在照护、教育和服务等方面的需求。提高家长满意度不仅能增强对托育机构的信任，促进其可持续发展，还能为托育服务优化和社区托育环境建设提供数据支持，特别是在设施配置、服务内容、教育质量及家长参与等方面，从而推动高质量社区托育服务体系的构建。

基于以上文献梳理，课题组成员认为，已有托育服务环境创设的研究日益丰富，涉及婴幼儿不同发展领域环境创建的实践、环境创设评价、环境对家长满意度的影响等，但目前总量仍不够丰富，心理环境的研究虽逐渐增多，但将心理环境和物理环境相结合、将各领域物理环境相整合的研究仍较少。托幼机构中师幼互动的研究，以评价研究为主，缺乏对游戏和生活活动中师幼互动的研究。对于托育服务活动内容的实践研究还较为匮乏。此外，尽管 ITERS-3 量表在评价托育机构环境方面具有积极作用，但其在本土社区托育机构中的适用性仍显不足，亟须制定科学且适宜的环境评价量表以更好地满足实际需求。因而，本研究将借鉴生态学理念，采用嵌入式方式，重点解决环境创设的问题，针对托育服务物质和心理环境创设和评价以及活动内容开展研究。

1. 陈若琳，涂妙如，李丽圳. 新北市家长对婴幼儿托育照顾的满意度研究. 人类发展与家庭学报，2014，16:79-102.
2. Scopelliti M Musatti T . Parents' View of Child Care Quality: Values, Evaluations, and Satisfaction[J].Journal of Child & Family Studies, 2013, 22(8). DOI:10.1007/s10826-012-9664-3.
3. Kaiser, S., Skjesol, I., Sætrum, A., Adolfsen, F., & Martinussen, M. (2020). Parent Satisfaction with the Open kindergarten in Norway. International Journal of Health Promotion and Education, 60(1), 49 - 62.

第三章
研究方案

一、研究目标

通过关于普陀区 1—3 岁婴幼儿家长对社区嵌入式托育服务的需求，以及各街道镇社区亲子活动空间托育服务现状的问卷调研、实地走访，在总结已有相关研究经验的基础上，开展社区嵌入式托育服务点环境创设的实践研究，探索普陀区社区嵌入式托育服务的环境创设模式，形成具有本区特色的社区嵌入式托育服务环境创设活动方案及环境创设评价方案，实现区域内嵌入式托育服务环境创设的生态化发展，进而提升本区社区嵌入式托育服务的质量。

二、研究内容

（一）开展社区嵌入式托育服务环境创设核心概念及"生态学理念"理论的文献研究

本部分研究基于布朗芬布伦纳的生态系统理论，结合建构主义理念与教育生态学理念，对关于托育环境创设、托育环境评价以及托育环境中的师幼互动与活动组织进行系统的文献梳理。文献研究不仅为后续实践分析提供理论基础，也为优化托育服务资源配置、提升服务可持续性提供理论支撑。

（二）开展 1—3 岁婴幼儿家长对社区"宝宝屋"托育服务需求与满意度的调查研究

调查研究分为两个阶段进行：初期通过调查，了解 1—3 岁婴幼儿家长对社区嵌入式托育服务环境创设的需求，以及全区各街道镇现有社区儿童活动空间和托育服务的现状，为后续服务优化提供依据；中期调研在初期调研的基础上对社区"宝宝屋"托育服务进行环境和功能创设优化，并由此开展家长满意度调查，以评估服务改进的效果及满足家长需求的程度，从而形成对社区托育服务的系统性优化建议。

1. 1—3 岁婴幼儿家长对于社区嵌入式托育服务环境创设的需求以及全区各街道镇

现有社区儿童活动空间托育服务现状的调查研究

（1）结合托幼机构环境创设的文献研究及上海市开展社区嵌入式托育服务的指导性文件精神，对全区各街道镇现有社区儿童活动空间托育服务现状展开调研。通过实地走访和发放问卷的形式，详细了解现有社区儿童活动空间的硬件条件、相关设施、环境布局及材料配备等方面的情况，掌握本区现有社区儿童活动场地托育服务的现状，梳理本区现有社区儿童活动空间托育服务的优势与不足。

（2）面向普陀区 1—3 岁婴幼儿家长，以问卷调查的形式，开展社区嵌入式托育服务需求调研，并结合访谈，对创建的社区嵌入式托育服务环境进行深入了解。

① 设计调查问卷，了解本区 1—3 岁婴幼儿家长对于社区嵌入式托育服务的需求及环境创设的态度与看法。

② 结合社区嵌入式托育服务"宝宝屋"活动现场，以访谈形式，进一步了解本区 1—3 岁婴幼儿家长对基于生态学理念的社区嵌入式托育服务环境创设的态度与看法。

2. 开展社区"宝宝屋"托育服务的家长满意度调查研究

随着社区"宝宝屋"托育服务覆盖率的不断提高，系统性评估其运营状况及服务质量对于保障服务的可持续发展具有重要意义。开展家长满意度调查不仅能够揭示当前社区托育服务对家长托育需求的匹配程度，还能够为未来的服务优化提供科学数据支持，确保社区"宝宝屋"在稳健增量的同时实现高质量发展。

课题组在充分梳理国内外相关文献的基础上，将家长满意度调研的核心维度明确为环境条件、儿童体验、从业人员专业性和管理服务四个方面。同时，鉴于便利性是社区托育服务的重要评价指标，本研究将其纳入调查范围，作为评估服务可及性和居民需求匹配度的重要维度。

本研究采用问卷调查与半结构化访谈相结合的研究方法，重点围绕以下三方面开展深入分析：

（1）从环境条件、儿童体验、从业人员专业性和管理服务四个维度，量化评估家长对"宝宝屋"托育服务的满意度；

（2）结合普陀区"宝宝屋"服务点位的空间分布特征，分析其可及性与便利性，重点探讨服务布局与居民"15 分钟生活圈"契合度的匹配情况；

（3）综合分析影响家长满意度的关键因素，提出优化社区"宝宝屋"托育服务质量及可持续发展的对策建议。

（三）探索具有普陀区特色的基于生态学理念的社区嵌入式托育服务环境创设模式

本部分研究通过调研与实践，对基于街道镇综合性服务场地的社区嵌入式托育服务环境创设模式进行了深入的探索与研究。主要内容分为：

（1）基于街道镇综合性服务场地的社区嵌入式托育服务的生活环境创建模式。

（2）基于街道镇综合性服务场地的社区嵌入式托育服务的游戏环境创建模式。

上海市教委的相关领导在现场调研普陀区社区"宝宝屋"工作情况时明确指出：社区嵌入式托育服务旨在解决老百姓带娃问题，以提供"喘息式"的托育形式为目的，服务形式应以无家长陪伴的幼儿托为主，不建议开展有家长陪伴的亲子托。

因此，本研究将重点定为"基于街道镇综合性服务场地的社区嵌入式托育服务环境创建模式"，不再对社区嵌入式"亲子托"托育服务环境创建展开相关研究。

（四）基于生态学理念的社区嵌入式托育服务环境创设方案的研究

本部分研究基于生态学理念，对社区嵌入式托育服务的生活环境创设、游戏环境创设、基于材料的游戏活动方案设计、环境设置的标准和评价进行探索与研究。

1. 基于生态学理念的社区嵌入式托育服务生活环境创设的研究

（1）基于生态学理念的社区嵌入式托育服务生活环境创设的指导建议。

（2）基于生态学理念的社区嵌入式托育服务生活环境创设的活动案例。

2. 基于生态学理念的社区嵌入式托育服务游戏环境创设的研究

（1）基于生态学理念的社区嵌入式托育服务游戏环境创设的指导建议。

（2）基于生态学理念的社区嵌入式托育服务游戏环境创设的活动案例。

3. 基于生态学理念的社区嵌入式托育服务游戏活动方案的研究

（1）基于生态学理念的社区嵌入式托育服务基于材料的游戏活动方案的指导建议。

（2）基于生态学理念的社区嵌入式托育服务基于材料的游戏活动方案的活动案例。

4. 基于生态学理念的社区嵌入式托育服务环境设置标准与评价量表的研究

（1）基于生态学理念的社区嵌入式托育服务环境的评价原则及方法。

（2）基于生态学理念的社区嵌入式托育服务环境的评价量表及其使用说明手册的编撰。

三、研究方法

（一）文献研究法

通过查阅、研究国内外相关文献资料，梳理国内外托育服务、嵌入式社区托育、托育服务环境创设、托育服务家长满意度等的研究动态；同时，收集整理托育服务环境创设评价量表的相关研究资料，为形成区域适宜教育特色的社区嵌入式托育服务环境创设方案与评价方案提供文献证据。

（二）调查研究法

1. 面向街道镇社区儿童活动空间相关人员

在区妇联的协助下，对全区各街道镇儿童友好社区活动站点，共计 45 位相关场地负责人，从社区儿童活动空间的基本信息、场地情况、游戏材料及活动设备投入、托育服务的运作情况等方面进行摸底调研，筛选出各街道镇适合开展社区嵌入式托育服务"宝宝屋"建设的社区儿童活动空间。

本轮问卷调研将在研究实施的第一阶段进行，分别邀请各街道镇筛选出来的，符合开展社区嵌入式托育服务"宝宝屋"建设条件的社区儿童活动空间场地方的相关人员，从场地条件、设施设备、服务方式、服务人员以及儿童活动空间内的空间设置、区域规划、材料提供以及对生态学理念的了解等方面展开现状调研，为后续有效开展基于生态学理念的社区嵌入式托育服务环境创设的实践研究提供可参考的原始数据。

2. 面向 1—3 岁社区婴幼儿家长

（1）问卷调查法

在进行婴幼儿家长对于社区嵌入式托育服务环境创设的需求调查研究阶段，面向本区十个街道镇，随机抽取 1000 位 1—3 岁婴幼儿家长，每个街道镇各 100 位，其中 1—2 岁阶段 350 人，2—3 岁阶段 350 人，3—4 岁未入园阶段 300 人。以问卷调查的方式展开调查研究，旨在掌握本区 1—3 岁婴幼儿家长对社区嵌入式托育服务的需求度。

在家长满意度调查研究阶段，面向十个街道镇的婴幼儿家庭，以随机抽样的方式在每个街道镇前后两次发放纸质问卷。第一次于 2024 年 7 月发放问卷 208 份，回收有效问卷 208 份；第二次于 2024 年 9 月发放问卷 238 份，回收有效问卷 226 份。两次共计回收有效问卷 434 份，回收率为 97.3%。通过问卷调查了解家长对社区"宝宝屋"托育服务各个方面，包括宝宝屋环境、儿童体验、从业人员（教师）、管理服务等的满意度情况。

（2）访谈法

在基于生态学理念的社区嵌入式托育服务环境创设的基础上，在本区十个街道镇社区嵌入式托育服务"宝宝屋"科学育儿指导服务现场，随机抽取 100 位 1—3 岁婴幼儿家长（每个街道镇各 10 位），其中 1—2 岁阶段 30 人，2—3 岁阶段 40 人，3—4 岁未入园阶段 30 人，以个别访谈的方式，深入了解婴幼儿家长对已创设的社区嵌入式托育服务"宝宝屋"环境的满意度，为后续建设具有场地特色且可持续发展的托育服务环境提供改进建议。

在完成中期调查研究以及推进社区"宝宝屋"托育服务优化实践的基础上，本研究以家长满意度问卷调查为切入点，综合考量两次问卷涵盖的内容与所呈现的结果，精心编制半结构化访谈提纲。选取曹杨新村街道的曹杨·武宁党群服务中心以及万里街道的万里·生活服务中心两处"宝宝屋"点位，与 12 位家长开展面对面深度交流。旨在透过家长对社区"宝宝屋"托育服务满意度的表象，深度剖析其内在深层成因，进而为构建高质量、可持续发展的托育服务体系凝练具有实践指导意义的建议，助力托育服务领域的科学发展与实践落地。

（3）行动研究法

结合十个街道镇社区儿童活动空间的硬件条件，以"生态学理念"的思维和研究方法为引领，探索一套具有本区特色的社区嵌入式托育服务环境创设的建构模式。通过资源嵌入、功能嵌入、管理嵌入等不同的嵌入方式，对社区嵌入式托育服务的生活环境及游戏环境的创设展开实践研究，依托"创设环境—使用环境—评价环境—完善环境"这一螺旋上升的动态研究过程，逐步形成并完善具有本区特色、规范化、可复制、可推广的社区嵌入式托育服务环境创设活动方案和环境创设评价方案。

四、研究步骤

（一）准备阶段（2022 年 1 月—2022 年 10 月）

阶段目标	1. 确立基于"生态学理念"的社区嵌入式托育环境创设研究的方向，开展文献学习，明确关键概念。 2. 成立课题组，并申报课题。 3. 制定课题的调查研究方案，编制相关调查工具。 4. 依托长征镇亲子活动中心和曹杨新村街道武宁片区儿童活动空间，开展环境解读及环境创设预研究。 5. 完成课题的研究计划，进行开题论证。			
日　期	**研究内容与要求**	**方法与形式**	**负责人**	**参与人员**
2022 年 1 月—2022 年 3 月	成立课题小组，围绕"生态学理念""托育服务""嵌入式""环境创设"等关键词，分工查找相关文献及理论，并对查找的文献资料进行整合。	网络检索文献查询	奚岚红 邵静芬	课题组成员
	课题负责人进一步确立研究主题，挖掘课题核心内涵，完成课题申报。		王　红 邵静芬	课题组成员

（续表）

日　期	研究内容与要求	方法与形式	负责人	参与人员
2022 年 3 月—2022 年 6 月	集合课题组成员，开展本课题核心概念的理论学习。	集体学习	王　红　邵静芬	课题组成员
2022 年 6 月—2022 年 7 月	整理资料，汇总结果，完成课题开题报告。	报告撰写　资料整理	王　红	易玲玉　赵洁珺
	制定调查方案，编制《普陀区社区嵌入式托育服务"宝宝屋"项目建设家长需求调研问卷》《普陀区各街道镇儿童活动空间托育服务现状调研问卷》《普陀区社区嵌入式托育服务"宝宝屋"环境创建家长满意度访谈提纲》。	方案编制	王　红	课题组成员
2022 年 8 月—2022 年 9 月	在学习了解生态化理念思维及研究方法的基础上，对长征镇亲子活动中心的场地进行解读，梳理需要改进的环境。	实地研讨　环境解读	王　红	课题组成员
	与曹杨新村街道合作，结合生态学理念，对曹杨新村街道武宁片区儿童活动空间的环境进行改造，开展环境创设预研究。	实地研讨　环境创设	王　红	课题组成员
2022 年 10 月	开题论证会。	资料整理　开题论证会	吴　岚　王　红	课题组成员　专　家　区科研室
预期成果与成效	1.《基于生态学理念的社区嵌入式托育服务环境创设的实践研究》文献综述。 2. 开题论证会。 3.《普陀区各街道镇社区儿童活动空间托育服务现状》调查方案及相关调查工具。			

（二）实施阶段（2022 年 11 月—2024 年 12 月）

1. 第一阶段（2022 年 11 月—2023 年 12 月）

阶段目标	1. 实地走访，发放问卷，了解研究普陀区社区儿童活动空间托育服务的现状，梳理本区十个街道镇社区儿童活动空间托育服务的优势与不足。 2. 问卷调查，了解普陀区 1—3 岁婴幼儿家长对社区嵌入式托育服务的需求及环境创建的态度与看法。 3. 整合分析数据，完成《普陀区各街道镇社区儿童活动空间托育服务现状》调研报告。 4. 依据课题研究计划，以曹杨新村街道、长征镇、甘泉路街道、长寿路街道四个街道镇为研究对象，开展第一轮社区嵌入式托育服务"宝宝屋"的环境创设研究。

日　期	研究内容与要求	方法与形式	负责人	参与人员
2022 年 11 月—2022 年 12 月	完成《普陀区社区嵌入式托育服务"宝宝屋"项目建设家长需求调研问卷》及《普陀区各街道镇社区儿童活动空间托育服务现状调研问卷》的问卷星制作，培训相关调研人员，并进行测试。	问卷制作　人员培训	王　红　黄　琼　易玲玉	课题组成员
	依托街道镇、幼儿园早教指导站、社区儿童活动空间等途径，展开问卷星调研。	网络调研		

（续表）

日　期	研究内容与要求	方法与形式	负责人	参与人员
2023 年 1 月—2023 年 2 月	走访调研，深入了解本区十个街道镇社区儿童活动空间托育服务的实际情况，梳理开展社区嵌入式托育服务"宝宝屋"环境创设可能出现的问题。	实地调研	奚　岚 王　红 黄　琼	课题组成员
2023 年 3 月—2023 年 4 月	整理问卷调查数据，汇总走访调研资料，完成普陀区各街道镇社区儿童活动空间托育服务现状调研报告。	报告撰写	黄　琼 王　红	课题组成员
2023 年 5 月—2023 年 7 月	以曹杨新村街道、甘泉路街道为研究对象，开展基于生态学理念的社区嵌入式托育服务环境创设活动方案研究。	实践研讨	张　君 顾倩文 邵静芬	课题组成员
2023 年 8 月—2023 年 10 月	以长征镇、长寿路街道为研究对象，开展基于生态学理念的社区嵌入式托育服务环境创设活动方案研究。	实践研讨	赵洁珺 易玲玉 鲍如洁	课题组成员
2023 年 11 月—2023 年 12 月	经验总结，形成普陀区社区嵌入式托育服务"宝宝屋"环境创建模式。	集体研讨	奚　岚 黄　琼 王　红	课题组成员
	培训访谈调研人员，结合曹杨新村街道、甘泉路街道、长征镇、长寿路街道社区嵌入式托育服务"宝宝屋"活动现场，开展访谈调研。	个别访谈	黄　琼 王　红	课题组成员
	资料整合，初步形成普陀区社区嵌入式托育服务"宝宝屋"环境创设活动方案。	课题组讨论	赵洁珺 张　君	
预期成果与成效	1.《普陀区各街道镇社区儿童活动空间托育服务现状调研报告》。 2.《具有普陀区特色的社区嵌入式托育服务"宝宝屋"环境创建模式》（初稿）。 3.《基于生态学理念的普陀区社区嵌入式托育服务环境创设活动方案》（初稿）。			

2. 第二阶段（2024 年 1 月—2024 年 12 月）

阶段目标	1. 积累经验，汇总研究资料，开展中期论证。 2. 在第一轮试点街道镇社区嵌入式托育服务"宝宝屋"环境创设研究的基础上，结合街道镇社区儿童活动空间场地的不同特点，开展第二轮社区嵌入式托育服务"宝宝屋"的环境创设研究，完善普陀区社区嵌入式托育服务"宝宝屋"环境创建模式，丰富普陀区社区嵌入式托育服务"宝宝屋"环境创设活动方案。 3. 查阅资料，结合文献学习，形成《普陀区社区嵌入式托育服务环境创设评价方案》。

日 期	研究内容与要求	方法与形式	负责人	参与人员
2024 年 1 月—2024 年 3 月	拓展长风新村街道、真如镇街道、宜川路街道、石泉路街道、万里街道、桃浦镇等六个街道镇为研究对象，结合社区儿童活动空间场地的实际情况，继续开展基于生态学理念社区嵌入式托育服务环境创设活动方案研究，完善普陀区社区嵌入式托育服务环境创设的模式，丰富普陀区社区嵌入式托育服务环境创设活动方案。	实践研讨	赵洁珺 张 君 邵静芬	课题组成员
2024 年 4 月	中期论证。	报告撰写 中期论证	奚 岚 王 红 黄 琼	课题组成员 专家 区科研室
2024 年 5 月	培训访谈调研人员，结合长风新村街道、宜川路街道、石泉路街道、真如镇街道、桃浦镇、万里街道等六个街道镇社区嵌入式托育服务"宝宝屋"活动现场，开展访谈调研。	个别访谈	奚 岚 王 红	课题组成员
2024 年 5 月—2024 年 7 月	以曹杨新村街道、甘泉路街道为研究对象，开展基于生态学理念社区嵌入式托育服务环境创设活动方案研究。	实践研讨	张 君 顾倩文 邵静芬	课题组成员
2024 年 6 月	基于社区嵌入式托育服务环境创设活动方案，梳理创设生活环境所需的材料设备，汇总整理社区嵌入式托育服务生活环境创设的设备材料清单，研讨社区嵌入式托育服务生活环境的设置标准。	资料整理 集体研讨	王 红 陆 瑾 易玲玉	课题组成员
2024 年 7 月	基于社区嵌入式托育服务环境创设活动方案，梳理创设游戏环境所需的活动材料，汇总整理社区嵌入式托育服务游戏环境创设的活动材料清单，研讨社区嵌入式托育服务游戏环境的设置标准。	资料整理 集体研讨	黄 琼 顾倩文 陆 瑾	课题组成员
2024 年 8 月—2024 年 10 月	基于社区嵌入式托育服务环境创设活动方案，结合社区嵌入式托育服务生活环境和游戏环境创设的设置标准，研讨社区嵌入式托育服务生活环境及游戏环境评价量表内容；走入现场，展开家长满意度调研，进行数据分析，总结"宝宝屋"服务现状，撰写相关报告。	文献查询 实地收集材料 数据分析 资料整理 集体研讨	黄 琼 王 红 陆 瑾	课题组成员

（续表）

日　期	研究内容与要求	方法与形式	负责人	参与人员
2024 年 11 月—2024 年 12 月	查阅资料，通过学习文献及研讨，编制并完善社区嵌入式托育服务环境评价量表。走入现场，拍摄相关素材，编写并完善指标的使用说明手册。	文献查询 实地收集素材 集体学习 评价量表编制	邵静芬 黄　琼 陆　瑾	课题组成员
预期成果与成效	1. 中期论证会。 2.《具有普陀区特色的社区嵌入式托育服务"宝宝屋"环境创建模式》。 3.《基于生态学理念的普陀区社区嵌入式托育服务环境创设活动方案》。 4.《基于生态学理念的普陀区社区嵌入式托育服务环境创设评价方案》。 5.《基于生态学理念的普陀区社区嵌入式托育服务环境创设评价方案（说明手册）》。 6.《上海市普陀区社区嵌入式托育服务家长满意度调研报告》。			

（三）总结阶段（2025 年 1 月—2025 年 3 月）

阶段目标	1. 整理研究资料，重审研究过程，思考结题呈现方式。 2. 梳理研究成果，完成结题论证。			
日　期	研究内容与要求	方法与形式	负责人	参与人员
2025 年 1 月—2025 年 3 月	审视回顾研究过程，整理全部课题资料，梳理研究的相关附件。	资料整理 成果汇编	黄　琼 邵静芬 陆　瑾 赵洁珺 张　君	课题组成员
	撰写结题报告，并完成结题资料递交。	资料分析 撰写报告	邵静芬	课题组成员
预期成果与成效	《基于生态学理念的社区嵌入式托育服务环境创设的实践研究》（结题报告）。			

第四章
研究结果

一、1—3 岁婴幼儿家长对社区"宝宝屋"托育服务需求与满意度的调查研究

课题组以 1—3 岁婴幼儿家长为核心服务对象，聚焦社区嵌入式托育服务"宝宝屋"的环境创设与服务质量提升，分两个阶段开展系统性调研与分析。

初期调研主要聚焦于全面了解家长的托育需求、参与意愿及对从业人员和托育环境的期望，同时对普陀区各街道镇现有社区儿童活动空间的场地条件、设施设备、服务方式和空间设置等进行详细评估。研究旨在梳理现有托育服务的优势与不足，识别影响服务有效供给的关键因素，为社区"宝宝屋"托育服务的环境优化提供实践依据和理论支持，切实解决家长在托育方面的实际需求，提升社区托育服务的科学性与针对性。

在初期调研结果的基础上，课题组对社区"宝宝屋"托育服务进行了全面的环境与功能优化，并围绕家长满意度开展中期调研。研究重点从环境、儿童体验、从业人员与管理服务四个维度，系统评估家长对优化后的社区"宝宝屋"托育服务的满意度及其影响因素，并结合普陀区"宝宝屋"地理分布与"15 分钟生活圈"的契合度，分析社区"宝宝屋"布点的科学性与合理性。中期调研进一步提出优化社区"宝宝屋"托育服务的具体方向，为提高托育服务的可持续性和普惠性，满足家长对高质量托育服务的期盼提供科学依据。

（一）1—3 岁婴幼儿家长对于社区嵌入式托育服务环境创设的需求，以及全区各街道镇现有社区儿童活动空间托育服务现状的调查

1. 调研目的与内容

婴幼儿家长是社区托育服务的主要服务群体，了解家长的真实需求可以有针对性地优化社区托育服务的品质，提升家长对社区托育服务的满意度，切实解决家长的后顾

之忧。

本调查基于服务对象的视角，以婴幼儿家长的托育意愿和托育需求为问题导向，采用定量研究方式，深入分析婴儿家长托育服务需求的现状，重点考察家长对社区托育服务的总体需求、参与社区托育服务的意愿、对社区托育服务从业人员及环境创建等方面的要求，提高社区托育服务的有效供给，优化社区托育服务质量，为提升家长托育服务的满意度提供理论基础与现实依据。

《上海市学前教育与托育服务条例》明确规定："乡镇人民政府、街道办事处应当根据辖区内人口结构、托育服务需求以及社区公共服务设施等资源配置情况，建设社区托育点，提供临时照护服务。"

本调查研究的另一个重点是从普陀区各街道镇原有儿童活动空间的场地条件、设施设备、服务方式、服务人员以及儿童活动的空间设置、区域规划、材料提供等方面展开调查，以发现各街道镇社区儿童活动空间托育服务的优势特点及存在的不足，梳理分析相互之间可能产生影响的因素，为更好地开展社区嵌入式托育服务"宝宝屋"环境创建提供实践依据。

2. 调查方法

（1）调查对象

本次调查对象分别为1—3岁社区婴幼儿家长及街道镇社区儿童活动空间的相关人员。

通过随机抽取的方式，选取普陀区曹杨新村街道、长风新村街道、长寿路街道、石泉路街道、宜川路街道、甘泉路街道、万里街道、真如镇街道、长征镇和桃浦镇等十个街道镇的1000个婴幼儿家庭为研究对象，通过问卷星先后发放《普陀区社区嵌入式托育服务"宝宝屋"项目建设家长需求调研问卷》电子问卷共计1129份，回收有效问卷1095份，回收率为96.99%。

在先期走访调研的基础上，在街道镇范围内共选取了十个嵌入在街道镇综合性服务场地的儿童活动空间，邀请了10位场地方的相关人员，以问卷填写的方式开展普陀区各街道镇社区儿童活动空间托育服务现状调研。

（2）调查工具

①调查问卷

本调查共有两份问卷，分别是《普陀区社区嵌入式托育服务"宝宝屋"项目建设家长需求调研问卷》和《普陀区各街道镇社区儿童活动空间托育服务现状调研问卷》。

对于托育服务机构需求研究归纳后发现，已有研究中托育服务机构属性主要有五个方面，分别是：托育服务机构课程内容（课程、托管服务内容）；机构时间（课程次数、托管时间段）；机构环境（地理位置、空间布局）；师资（从业资质、专业素养）；机构价格（课程、托管价格）。[1]结合普陀区的实际情况与本调研的重点方向，最终确定了家长需求托育意愿、托育照护、从业人员、环境创建等四个维度。（见表1）

表1 家长社区托育需求问卷结构表

维度		内容指向	题目
人口统计学变量	家庭组成情况	抚养婴幼儿数、家庭中未入园幼儿数、不同婴幼儿月龄范围。	卷1—6题
	家庭基本信息	婴幼儿日常照护情况、家长学历及工作状态、家庭月收入。	卷7—10题
	家庭居住信息	居住地所在区、所属街道镇。	卷11—12题
托育意愿		参与社区托育照护服务的意愿。愿意/不愿意参加社区托育照护服务的原因。	卷13—15题
托育照护		家庭步行距离、托育服务模式、可接受的集中照护指导费用、科学育儿指导方式。	卷18—22题
托育需求	从业人员	来源组成结构、职业素养。	卷16—17题
	环境创建 活动空间	生活空间需求、游戏空间需求、硬件设施需求、安全防护及设备监控需求、环境质量需求、休息空间需求。	卷23—32题
	游戏材料	游戏材料需求。	卷33题

为了解目前各街道已有的婴幼儿活动空间与游戏材料，根据上海市《关于加强本市社区托育服务工作的指导意见》中对于"宝宝屋"场地设置的基本要求，结合普陀区各街道镇的实际情况，编制了《普陀区各街道镇社区儿童活动空间托育服务现状调研问卷》，主要包括人员资质、活动区域、游戏材料等内容。

②访谈提纲

通过参考已有文献，根据专家意见，针对家长和机构负责人各编制了一份访谈提纲。1—3岁婴幼儿家长访谈提纲的主要内容包括：参与社区托育服务的目的、对社区托育服务环境的满意度（包括游戏区域、游戏材料、生活区域）、对从业人员日常照护的满意度等，再结合访谈内容与相关文献，对研究结果进行分析。机构负责人访谈提纲的主要内容包括：从业人员背景、环境创设优缺点、游戏材料优缺点、家长反馈意

1.秦旭芳，宁洋洋.0～3岁婴幼儿家长对托育服务机构的需求偏好及支付意愿研究——基于华东地区和东北地区的数据[J].教育学报，2022，18(03)：103—116.

见等。

（3）调查过程

通过文献梳理、实地考察、个别访谈确定调查方向。结合已有研究，编制调查问卷和访谈提纲。其中，家长需求调查问卷经过文献整理、经验提炼、纬度确认、问题编写、预调研与修改五个阶段，最终形成了 4 个维度、21 个项目的正式问卷，并于 2023 年 3 月在线上进行问卷的发放与回收。

采用半结构式访谈法，在已开办的社区"宝宝屋"服务现场，以围坐访谈的形式，对参与社区"宝宝屋"服务的 1—3 岁婴幼儿家庭进行访谈。同时，在各街道镇社区"宝宝屋"正常运营之后，以电话访谈的形式对 10 个街道镇社区"宝宝屋"运营方的负责人进行追踪访谈。最后整理、分析数据资料，得出研究结果。具体时间安排见表 2。

表 2 调查过程时间表

时间	阶段	任务
2022 年 11 月— 2022 年 12 月	前期准备	1. 梳理文献，实地考察"宝宝屋"，个别访谈。 2. 确定调查方向，形成调研方案。 3. 设计调查问卷与访谈提纲。
2023 年 1 月— 2023 年 7 月	中期调研	1. 开展预调查，结合问题修改调查问卷与访谈提纲。 2. 组织调研团队，发放调查问卷，开展访谈。 3. 回收、整理与统计数据。
2023 年 8 月	后期分析	1. 分析调查结果。 2. 撰写调查报告。

3. 调查结果

（1）以 1—3 岁婴幼儿家庭为研究对象的社区嵌入式托育服务"宝宝屋"建设需求调研的结果分析

①问卷调查对象的一般人口学特征

参与本次调查的 1095 个婴幼儿家庭，均居住在普陀区，且基本平均分布在十个街道镇内，说明此次调研报告是针对本区居民对托育服务需求的有效证据，数据能反映普陀区各街镇居民的实际育儿期盼。

占比最高的是家中只有 1 个婴幼儿的家庭，占 82.65%；有 2 个婴幼儿的家庭占 16.53%；三宝家庭占 0.82%。0—12 个月婴幼儿占比 25.48%；13—48 个月婴幼儿占比 74.52%。被调查家庭的受教育程度集中在大专及大专以上，占 90.04%。家庭月收入在 1 万元以下的占 40.91%，1 万—2 万元的占 39.09%，2 万元以上的占 20.0%。82.01% 的家长是在职状态，只有 14.61% 的家长能全职带娃。儿童的日常照护主要由父母、祖辈及保姆共同照护承担，占比 93.06%（见表 3）。

表 3 调查对象的人口学特征信息

调查内容	选项	频数	占比
家庭所属街道镇	曹杨新村街道	104	9.50%
	长风新村街道	102	9.32%
	长寿路街道	127	11.60%
	石泉路街道	134	12.24%
	宜川路街道	81	7.40%
	甘泉路街道	113	10.32%
	万里街道	108	9.86%
	真如镇街道	102	9.32%
	长征镇	120	10.96%
	桃浦镇	104	9.50%
家庭婴幼儿数	1 个	905	82.65%
	2 个	181	16.53%
	3 个	9	0.82%
婴幼儿年龄	0—12 个月	279	25.48%
	13—48 个月	816	74.52%
家长文化程度	初中及以下	34	3.11%
	高中 / 中专	75	6.85%
	大专	257	23.47%
	本科	632	57.72%
	研究生及以上	97	8.86%
家庭月收入	5000 元以下	98	8.95%
	5000—10000 元	350	31.96%
	10001—15000 元	242	22.10%
	15001—20000 元	186	16.99%
	20000 元以上	219	20.00%
家长工作状态	全职带娃	160	14.61%
	在职	898	82.01%
	退休	37	3.38%
婴幼儿照护人	父母	410	37.44%
	祖辈	202	18.45%
	父母、祖辈共同照护	407	37.17%
	保姆照护	26	2.37%
	父母、保姆共同照护	24	2.19%
	祖辈、保姆共同照护	26	2.37%

② 大部分 1—3 岁婴幼儿家庭有参与社区托育服务的意愿

就家长是否愿意参与社区"宝宝屋"托育照护服务进行了调查,结果发现 82.47% 的婴幼儿家庭有着强烈的入托需求(见表 4)。

表 4 婴幼儿家庭参与社区托育服务的意愿

调查内容	选项	频数	占比
是否愿意参与社区"宝宝屋"托育照护服务	愿意	903	82.47%
	不愿意	192	17.53%

通过梳理 903 位家长"参与社区'宝宝屋'照护服务原因"的过程中,我们发现家长的托育诉求呈多样化趋势,主要包括三个方面:

一是从育儿角度出发。19.67% 的婴幼儿家庭希望孩子可以在社区托育"宝宝屋"玩丰富的游戏材料;19.67% 的婴幼儿家庭希望孩子在社区"宝宝屋"能够得到专业的指导;18.88% 的婴幼儿家庭希望孩子在社区"宝宝屋"与同龄伙伴交朋友。

二是从家庭指导的角度出发。12.40% 的婴幼儿家庭希望通过社区托育服务了解更多的科学育儿理念,并延伸至家庭的日常照料;10.80% 的婴幼儿家庭希望能分享、交流及学习不同家庭的育儿经验。

三是从家长时间安排出发。16.71% 的老年人因为没时间带孩子,所以希望把孩子送到社区"宝宝屋"。这一现象恰好与上海市出台的《社区托育服务婴幼儿照护》文件宗旨相吻合,嵌入于街镇原有配套设施,能够让群众享有"喘息式"的托育服务,打造老年人与婴幼儿共融的服务空间,让老年人在带娃的过程中,些许放手并做些自己想做或喜欢做的事情(见图 6)。

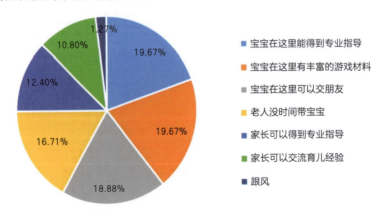

图 6 家长愿意参与社区"宝宝屋"照护服务的原因

③大部分 1—3 岁婴幼儿家庭首选不陪伴的计时制"幼儿托"

●社区托育服务总体需求分析

当前，政府举办的社区"宝宝屋"机构性质主要为临时制、计时制的托育服务。由图 7 可知，在被调研的 1095 个婴幼儿家庭中，不陪伴的计时制"幼儿托"形式是大部分家长的首选，占比为 53.33%。

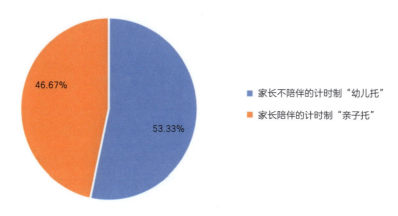

图 7 家长希望社区"宝宝屋"提供的托育类型

但是，社区托育服务点的地理位置是影响家长是否选择参与社区"宝宝屋"托育照护服务的重要因素之一。如图 8 所示，在调研中发现 85.30% 的家长可接受接送婴幼儿参与托育服务的步行时间在 15 分钟以内，此数据结果与政府规划的 15 分钟社区托育服务圈相吻合，说明社区托育服务地理位置的选择与规划应满足家长的实际需求。

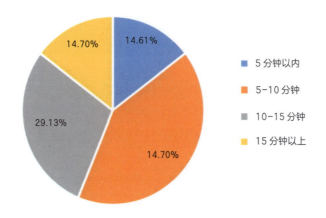

图 8 家长可接受接送婴幼儿参与托育服务的步行时间

●近半数家庭赞同社区托育服务需要配备专业的从业人员

由表 5 得知，有高达 49.50% 的家长要求由专业的从业人员从事社区"宝宝屋"的日常照料；有 58.63% 的家长表示只要社区志愿者或家长志愿者条件许可，也可以参与

社区"宝宝屋"的服务工作;30.96%家长同意街道镇的工作人员一同参与社区"宝宝屋"的服务工作。

表5 家长对社区托育"宝宝屋"从业人员配备的需求

序号	选项	频数	占比
1	专业从业人员	542	49.50%
2	街道镇工作人员	339	30.96%
3	社区志愿者	328	29.95%
4	家长志愿者	314	28.68%

●大部分家长希望社区托育服务从业人员具备一定的专业素养

由表6发现,家长对社区"宝宝屋"从业人员职业道德和专业水平的需求均很高。其中,86.03%的家长要求社区托育"宝宝屋"从业人员具有相关专业背景,82.56%的家长要求社区"宝宝屋"的从业人员获得相关的职业资格,78.17%的家长希望社区"宝宝屋"的从业人员具备相关的工作经验,78.21%的家长还要求社区"宝宝屋"从业人员具备爱心、耐心、责任心等优秀品质。

表6 家长对社区托育"宝宝屋"从业人员职业素养的需求

序号	选项	频数	占比
1	相关专业背景	942	86.03%
2	相关职业资格	904	82.56%
3	相关工作经验	856	78.17%
4	具备爱心、耐心、责任心等优秀品质	857	78.26%

综合社区托育服务从业人员配备以及专业素养的需求分析,发现1—3岁婴幼儿家长对社区托育服务从业人员提出了较高的要求,他们希望社区托育机构的从业人员具备相关专业背景、获得相关职业资格,并且是具有一定相关工作经验的专业人员对1—3岁婴幼儿实施专业的照护服务。

●家长认为社区托育服务环境需配备标准化设施

社区托育服务的环境由生活环境和游戏环境两部分组成,分别从生活环境的设置、游戏环境的区域规划、游戏环境的硬件及安全防护措施、游戏材料的提供等四方面进行了调研。

首先是社区托育服务生活环境的设置。由图9可见,家长对于婴幼儿的生活环境创设有着较高的需求:八成以上的家长认为社区托育服务需提供婴幼儿如厕区、饮水区、盥洗区,占比分别为86.12%、86.21%、89.13%。此外,有高达73.97%的家长希望能设置"母婴照护区"。

图 9 家长对社区托育"宝宝屋"生活环境设置的需求

其次,就社区托育服务游戏环境的区域规划展开调研。由图10可见,除沙水活动区外,其余的游戏活动区域均有超过半数的家长选择,由高到低排列依次为运动区、益智探索区、阅读区、音乐律动区、积木建构区、美工游戏区、角色扮演区。这些活动区域分别涵盖了婴幼儿认知、感知、运动、社交和创造力等方面的发展。

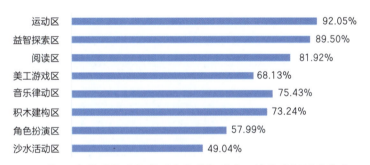

图 10 家长对社区托育"宝宝屋"游戏环境区域规划的需求

第三,在调查中还发现家长对婴幼儿游戏区域的硬件设施需求较高,普遍认为非常有必要为1—3岁婴幼儿配备符合年龄特点和安全标准的专用儿童桌椅(93.52%)、专用儿童橱柜(88.31%)。同时,96.89%的家长认为很有必要安装监控设备(见表7)。

表 7 社区托育服务所需配备的安全设施设备

选项	专用儿童桌椅		专用儿童橱柜		监控设备	
	计数	占比	计数	占比	计数	占比
很有必要	1024	93.52%	967	88.31%	1061	96.89%
无所谓	64	5.84%	120	10.96%	27	2.47%
没必要	7	0.64%	8	0.73%	7	0.64%

与此同时,家长对社区托育"宝宝屋"各个方面的安全措施需求占比均超过了70%。由图11得知,其中九成以上的家长关注桌椅、墙角、门窗、抽屉的防撞、防夹

设备的配置；有八成的家长希望社区"宝宝屋"设有安全防护围栏、防跌落设备以及为电源插座配置安全防护罩；还有七成的家长对安全标志、地面软垫、墙面软包以及医用急救箱等设施提出了要求。这反映出家长在选择社区托育服务时，对游戏环境的安全性高度重视，他们希望为孩子提供一个安全的游戏环境，减少婴幼儿在公共场所受伤的风险。

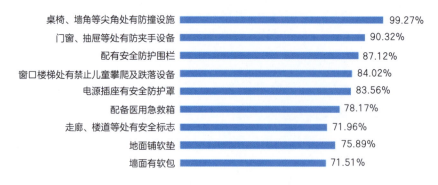

图 11 家长对社区托育"宝宝屋"安全防护措施的需求

第四，游戏材料是社区"宝宝屋"游戏环境中的一个重要组成部分，也是婴幼儿开展游戏活动的主要载体。因此，就家长对社区"宝宝屋"游戏材料提供的需求开展调研。

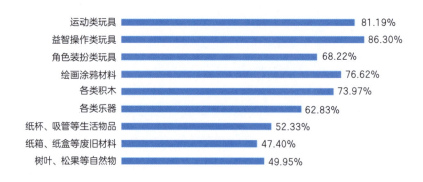

图 12 家长对社区托育"宝宝屋"游戏材料提供的需求

由图 12 可见，家长非常重视玩具材料的丰富性，希望社区托育"宝宝屋"有多种类型的游戏材料。如，促进创造力和想象力发展的绘画涂鸦（76.62%）、角色装扮类材料（68.22%）；促进认知发展的益智操作类材料（86.30%）；促进运动能力发展的运动类玩具（81.19%）等。同时，也有不少家长认可生活物品（如纸杯、吸管）、废旧材料（如纸箱、纸盒）以及自然物（如树叶、松果）在游戏玩具装备中的重要性。

（2）以街道镇综合性服务场地儿童活动空间为研究对象的社区嵌入式托育服务点现状调研的结果分析

①社区嵌入式托育服务点选点建设情况分析

如表 8 所示，普陀区选择建设社区嵌入式托育服务点有三种不同的途径：

一种是将社区托育服务点位嵌入在有专业活动场地、有办园特色的公办机构内，为周边有需求的1—3岁婴幼儿家庭提供专业、普惠的社区嵌入式托育服务。

另一种是将社区托育服务点嵌入在有空闲场地的社会办托育机构内，借助托育机构内的场地及教师资源，以资源优化的方式为周边有需求的1—3岁婴幼儿家庭提供多元、可持续发展的社区嵌入式托育服务。

还有一种是将社区托育服务点嵌入在街道镇党群服务中心或者社区文化中心内，并且选择由区妇联创建的具有良好硬件条件的儿童友好活动站点进行建设。其依托街道镇综合性服务场地，通过资源整合的方式，为周边有需求的1—3岁婴幼儿家庭提供整合、便捷、灵活的社区嵌入式托育服务。

表 8 普陀区各街道镇社区嵌入式托育服务点情况一览表

街道	服务站点	嵌入类型	服务位置
曹杨新村街道	曹杨·武宁党群服务中心	党群服务中心	儿童友好活动站点
	上海市普陀区早期教育指导中心蓓蕾分中心	公办幼儿园	亲子游戏区域
	兰溪路幼儿园	公办幼儿园	幼儿专用活动室
	儿童服务中心	社区文化中心	图书馆内儿童友好活动站点
长风新村街道	枣阳片区	党群服务中心	儿童友好活动站点
长寿路街道	上海市普陀区早期教育指导中心上青分中心	公办幼儿园	亲子游戏区域
	长寿·同心家园凯旋片区	党群服务中心	儿童友好活动站点
石泉路街道	兰田党群服务中心	党群服务中心	儿童友好活动站点
桃浦镇	西部党群服务中心	党群服务中心	儿童友好活动站点
甘泉路街道	上海市普陀区早期教育指导中心阳光分中心	公办幼儿园	亲子游戏区域
	甘泉党群服务中心	党群服务中心	儿童友好活动站点
长征镇	艾莱托育园	托育园	幼儿专用活动室
真如镇街道	高陵集市	党群服务中心	高陵集市内儿童友好活动站点
	上海市普陀区早期教育指导中心	公办幼儿园	亲子游戏区域
宜川路街道	香溢片区	党群服务中心	儿童友好活动站点
万里街道	万里党群服务中心	党群服务中心	儿童友好活动站点

②社区嵌入式托育服务点生活环境的现状分析

社区嵌入式托育服务点的生活环境应该由儿童如厕区、儿童盥洗区、儿童饮水区以及母婴照护室组成。课题组成员对十个嵌入在街道镇综合性服务场地的儿童活动空间进行了生活环境的现状调研。

表9 普陀区各街道镇社区嵌入式托育服务点生活环境现状

街道		曹杨新村	长风新村	甘泉路	真如镇	长征镇	桃浦镇	石泉路	长寿路	宜川路	万里
生活环境	儿童如厕区	√	√		√	√	√				
	儿童盥洗区	√	√	√	√	√	√				
	儿童饮水区										
	母婴照护室	√			√		√				√

由表9可知，仅有曹杨新村街道、长风新村街道、真如镇街道、长征镇、桃浦镇等5个街道镇在社区托育服务场地内设有儿童如厕区，并配备了符合儿童身高尺寸的坐便器、立便器和盥洗设备。但这5个街道镇儿童如厕区的位置设置却存在较大差异，长风新村街道、长征镇和桃浦镇3个街道镇的儿童如厕区均设在儿童活动场所内，方便婴幼儿随时使用。而曹杨新村和真如镇2个街道镇的儿童如厕区则设置在儿童活动区外，婴幼儿无法独立完成如厕盥洗，必须由成人陪伴前往。

甘泉路街道虽然没有设置单独的儿童如厕区，但在成人厕所内添加了供婴幼儿使用的盥洗设备。在仔细观察这些儿童盥洗设备后发现，甘泉路街道只是降低了成人洗手盆的高度，洗手盆的深度不符合婴幼儿的尺寸，婴幼儿依旧需要成人抱起或者协助才能完成洗手。

虽然国家提倡回应性照护，但就目前各街道镇社区托育服务点生活环境的现状来看，母婴照护室的创建不足、设施配备不全。仅有曹杨新村街道、万里街道、真如镇街道和桃浦镇创建了母婴照护室。其他街道镇不仅没有设置母婴照护室，就连简易的婴幼儿墙面尿布台也没有提供。

所有街道镇的综合性服务场地都配有提供饮用水的设备，但均没有从"儿童友好"的角度，从婴幼儿发展需求的角度，创建有利于他们良好生活习惯养成的儿童饮水区。

综合可见，街道镇在先期建设综合性服务场地生活环境时，主要以成人的视角来打造环境，忽略了儿童这一群体的需求。

③社区嵌入式托育服务点游戏环境的现状分析

从游戏区设置、硬件设施以及安全保障等三个方面对各街道镇社区嵌入式托育服务点的游戏环境进行了调研，结果如表10所示。

表10 普陀区各街道镇社区嵌入式托育服务点游戏环境现状

街道			曹杨新村	长风新村	甘泉路	真如镇	长征镇	桃浦镇	石泉路	长寿路	宜川路	万里
生活环境	游戏区设置	沙水游戏区			√							
		角色装扮区	√			√		√		√		
		建构游戏区	√	√		√		√	√	√		√
		音乐律动区	√	√				√			√	
		美工活动区	√	√		√	√	√	√	√		√
		绘本阅读区	√	√	√	√	√	√	√	√	√	√
		益智探索区	√	√	√	√	√	√	√	√	√	√
		体能运动区	√	√	√	√	√		√	√		√
	硬件设施	专用儿童桌椅	√	√	√	√	√	√	√	√	√	√
		专用儿童橱柜	√	√	√	√		√	√	√		√
		监控设备	√	√	√	√	√	√	√	√	√	√
	安全保障	墙面有软包	√	√	√	√		√	√	√	√	√
		地面铺软垫	√	√	√	√		√	√	√	√	√
		走廊、楼道等处有安全标志	√	√			√			√		
		配备医用急救箱				√	√		√			√
		电源插座有安全防护罩	√	√	√	√						√
		窗口楼梯处有禁止儿童攀爬及跌落设备	√	√	√		√		√		√	√
		配有安全防护围栏	√	√	√					√		
		门窗、抽屉等处有防夹手设备	√			√	√			√		
		桌椅、墙角等尖角处有防撞设施	√	√	√					√		

在游戏区设置方面，从各街道镇对儿童游戏区的关注度来看，由高到低依次是绘本阅读区（10）、益智探索区（10）、体能运动区（8）、建构游戏区（7）、美工活动区（7）、音乐律动区（4）、角色装扮区（4）、沙水游戏区（2）。

从这些数据不难看出，十个街道镇在创建儿童活动空间时，较为重视阅读、益智、运动、建构及美工等活动区的设置。对1—3岁婴幼儿喜欢的音乐律动以及2—3岁幼儿喜欢的角色装扮游戏较少关注。仅有甘泉路街道的社区嵌入式托育服务点提供了沙水游戏设备，其他9个街道镇均没有设置。在与街道镇相关领导访谈中得知，主要是从卫生、清洁的角度考虑，不愿意设置沙水游戏区。

在硬件设施方面，主要围绕儿童桌椅、儿童橱柜和监控设备展开现状调研。结果发现：所有街道镇的社区嵌入式托育服务点都配置了儿童桌椅，安装了监控设备，并且有5个街道镇配置了儿童橱柜。但在实地考察中发现，大部分街道镇配备的桌椅是适合3—6岁儿童的塑料桌椅，并不适合身高在90厘米以下的0—3岁婴幼儿；部分街道镇的儿童橱柜并不是开放式的，且有的橱柜距离地面较高，不方便婴幼儿自由取放玩具。

在游戏环境的安全保障方面，研究发现八成以上的街道镇为社区嵌入式托育服务点安装了墙面软包，铺设了地面软垫，并且在窗口处增加了防止儿童攀爬跌落的防护设备；有一半的街道镇在社区嵌入式托育服务点配有安全防护围栏，在桌椅、墙角处安装了防撞条，在门窗、抽屉处添加了防夹手的设备，同时还为电源插座安装了防护罩，配备了医用急救箱。在这些显性的安全保障方面，街道镇做得都非常到位，但却忽略了楼梯、走道等公共部位处安全标志的张贴。其实，楼梯、走道也是婴幼儿必经场所。安全保障工作需要关注到每一处、每一个细节。

④社区嵌入式托育服务点游戏材料提供的现状分析

关于游戏材料方面，从各街道镇为社区嵌入式托育服务点的配备情况来看，9个街道镇配置了益智操作类玩具，8个街道镇配置了运动类玩具，7个街道镇配置了各类积木，5个街道镇配置了角色装扮类玩具，4个街道镇配置了绘画涂鸦材料，2个街道镇配置了各类乐器。对于树叶、松果等自然物，纸箱、纸盒等废旧材料，纸杯、吸管等生活物品10个街道镇都没有配备（见表11）。

实地考察发现，各街道镇虽然都提供了益智操作类玩具、运动类玩具、各类积木、角色装扮类玩具、绘画涂鸦材料和各类乐器，但总体上，游戏材料投放的种类和数量较少，不能满足1—3岁婴幼儿的发展需求，且有些材料并不适宜1—3岁婴幼儿的年龄特点。比如，有些街道镇只设有组合滑梯这一种攀爬类的玩具，没有锻炼跑、跳、投掷等运动技能的设备；部分图书是超龄的；积木的材质、类型、种类单一，婴幼儿的选择空间较小。

表 11 普陀区各街道镇社区嵌入式托育服务点游戏材料提供现状

	街道镇	曹杨新村	长风新村	甘泉路	真如镇	长征镇	桃浦镇	石泉路	长寿路	宜川路	万里
游戏材料	树叶、松果等自然物										
	纸箱、纸盒等废旧材料										
	纸杯、吸管等生活物品										
	各类乐器					√	√				
	各类积木	√	√	√	√	√	√		√		
	绘画涂鸦材料	√				√	√			√	
	角色装扮类玩具	√			√	√			√		
	益智操作类玩具	√	√	√	√	√	√		√		√
	运动类玩具	√	√	√	√	√	√	√	√		

4. 结果分析

（1）优势方面

①家长对社区嵌入式托育服务有需求

调查中绝大部分家长均肯定了"宝宝屋"创设的必要性和重要性,尤其认可"宝宝屋"环境创设的重要性。

②街道镇资源丰富,均有适宜改建的"为小服务"场地

从调查结果得知,首先普陀区 10 个街道镇已全面建设党群服务中心、社区文化中心等综合性服务场地,内设"儿童友好活动"专用空间,能为社区嵌入式托育服务提供适儿化生活的活动空间。其次,公（民）办幼儿园、社会办托育机构分布于街镇区域内,有较好的教育资源,也可提供社区嵌入式托育服务场地,为街道镇补充便利的 15 分钟托育服务生活圈,填补街镇综合场地数量较少的空白,满足辖区内 1—3 岁婴幼儿家庭对托育服务的便捷需求。

③大部分"宝宝屋"能提供孩子生活游戏的必要空间和材料

大部分"宝宝屋"游戏区设置了绘本阅读区、益智探索区、体能运动区、建构游戏区、美工活动区等,在硬件设施方面都配置了儿童桌椅,安装了监控设备,并且有 5 个街道镇为社区嵌入式托育服务点配置了儿童橱柜,9 个街道镇配置了益智操作类玩具,8 个街道镇配置了运动类玩具,7 个街道镇配置了各类积木。

④大部分"宝宝屋"环境创设能够保障安全性

在游戏环境的安全保障方面,八成以上的街道镇为社区嵌入式托育服务点安装了

墙面软包、铺设了地面软垫，并且在窗口处增加了防止儿童攀爬跌落的防护设备；有一半的街道镇在社区嵌入式托育服务点配有安全防护围栏，在桌椅、墙角处安装了防撞条，在门窗、抽屉处添加了防夹手的设备，同时还为电源插座安装了防护罩，配备了医用急救箱。

（2）需要关注的方面

①生活环境创设失宜，需要融入生态化服务的适儿理念

在走访调查中发现，有的街道镇综合性服务场地在打造生活空间时，往往是以方便成人使用为目的，忽略了儿童这一群体的存在。或是没有设置专供儿童使用的厕所，或是没有提供符合儿童身高的坐便器，或是没有方便儿童独立使用的洗手池。即便有些街道镇综合性服务场地创设了儿童厕所，但是空间布局设计依旧是成人的视角，如在儿童坐便器周围安装了隔板和门，形成一个完全私密的空间，这样的设计容易遮挡托育从业人员的视线，对开展婴幼儿的日常照护带来不便；又如儿童洗手池只是简单降低了高度，宽度与1—3岁婴幼儿的身高不匹配，高度也不能同时满足1—3岁混龄婴幼儿方便使用。

建议根据1—3岁婴幼儿生活能力发展需求，以便于社区托育服务"宝宝屋"照护者开展日常照护为原则，在街道镇综合性服务场地原有生活空间的基础上，开展适宜改建，以呈现功能齐全、设备适宜、安全便捷的儿童生活空间，从而帮助婴幼儿逐步养成良好的卫生习惯。

②游戏环境创设单一，还需关注家长对环境的多元需求

在调查过程中，家长及街道镇社区嵌入式托育服务点的相关工作人员普遍认同应该为婴幼儿创设多样化的游戏环境，普遍觉得体能运动区、益智探索区、绘本阅读区、建构游戏区以及美工活动区等活动区的创设很重要。而对婴幼儿喜欢的音乐律动活动、角色装扮游戏以及能够满足婴幼儿探索欲的沙水游戏等则不太重视，关注度不高。

婴幼儿的认知经验是在游戏过程中逐步积累起来的，一个适宜、多样的游戏环境能够吸引婴幼儿主动参与，呈现出他们各种自发的游戏行为。婴幼儿在重复试错中以整体的方式获得发展。因此，本研究将以适宜婴幼儿发展为目标，对社区嵌入式托育服务游戏环境进行整体建设。

③游戏材料投放失衡，需进一步提升游戏环境的生态化

在实地考察中发现，街道镇仅仅为社区嵌入式托育服务点准备了部分现成的商品

玩具，且存在品种单一、数量较少的现象，甚至有的玩具材料以及绘本图书与1—3岁婴幼儿的年龄特点不符。与此同时，由于各种原因，生活用品、自然材料以及废旧材料没有出现在社区嵌入式托育服务点的游戏材料中。

其实，对于1—3岁婴幼儿来说，他们更喜欢玩真实的生活物品，而自然材料能够满足他们对大自然的好奇，激发他们的探索欲，废旧材料可以引发孩子的想象力与创造力。因此，结合婴幼儿的年龄特点及发展需求，梳理适合1—3岁婴幼儿使用的游戏材料，也是本研究需要重点探究与实践的内容。

④高质量服务需求供给不足，从业人员专业能力有待提升

社区嵌入式托育服务的日常照护是以婴幼儿的自由游戏活动为中心开展的，游戏材料是婴幼儿开展游戏活动的媒介。婴幼儿通常会以自己的方式与游戏材料进行互动，表现出不同的游戏行为。自由游戏并不是放任式的活动管理，而是需要从业人员运用不同的方式为婴幼儿的学习和发展提供机会。

调查结果显示，家长对社区托育服务从业人员的专业能力寄予较高的期望，希望婴幼儿能够在社区托育服务点得到专业的支持与帮助，实现高品质的托育服务。

建议开发和设计以游戏材料为载体的各类低结构游戏活动方案及案例，为社区嵌入式托育服务从业人员开展高品质的托育服务照护提供专业的支持。

（二）社区"宝宝屋"托育服务家长满意度调查研究

1. 研究目的与内容

托育服务作为重要的公共服务，是促进家庭福祉和儿童早期发展的重要因素，保障服务的普惠性和可及性、提高服务的质量已成为国内外社会各界的广泛共识。随着社区"宝宝屋"普及率的提高，开展满意度调查不仅可以对当前"宝宝屋"的运营状况和质量进行系统评估，而且也能为服务的进一步改进提供数据支持，确保托育服务在规模扩大的同时高质量、可持续地健康发展。

婴幼儿家长是挑选托育服务的主要群体，了解家长的真实想法和需求是评估社区"宝宝屋"托育服务质量的重要依据。因此，亟须通过科学的方法评估家长对社区"宝宝屋"的满意度，并据此调整、优化相关政策与服务供给，进一步办好人民满意的托育服务，满足广大人民群众对更高质量的期盼。

本研究旨在以普陀区社区"宝宝屋"开设和运营的实际情况为基础，通过对家长满意度的实证调查，深入分析家长对"宝宝屋"服务各个方面，包括宝宝屋环境、儿童体验、从业人员（教师）、管理服务等的满意度情况，了解家长的实际体验以及参与

服务过程中遇到的问题，从而为社区"宝宝屋"托育服务的可持续发展提供科学依据。具体研究目标包括：

（1）从环境、儿童体验、从业人员和管理服务四个维度评估家长对社区"宝宝屋"托育服务的满意度；

（2）基于社区"宝宝屋"在普陀区的整体地理分布情况，分析其在可及性和便利性方面与居民"15 分钟生活圈"的契合度；

（3）探讨影响家长满意度的主要因素并提出优化社区"宝宝屋"托育服务的可能方向，以提高服务的可持续性和家长满意度。

2. 研究设计

（1）研究方法

本研究采用了发放问卷与访谈相结合的方法，了解家长对普陀区社区"宝宝屋"的体验与反馈，并结合地理信息科学中的 GIS 空间统计分析和数据可视化表达等方法探究社区"宝宝屋"托育点位的便利性。

①问卷法

本次调查问卷以普陀区十个街道镇的婴幼儿家庭为研究对象，以随机抽样的方式在每个街道镇前后两次发放纸质问卷。

第一次于 2024 年 7 月发放问卷 208 份，回收有效问卷 208 份；第二次于 2024 年 9 月发放问卷 238 份，回收有效问卷 226 份。两次共计回收有效问卷 434 份，回收率为 97.3%。

②访谈法

本次访谈基于两次问卷的相关内容与结果，编制半结构化的访谈提纲，并选取了曹杨·武宁党群服务中心和万里·生活服务中心两个"宝宝屋"点位，与 12 位家长面对面对话，以深入挖掘家长对"宝宝屋"托育服务满意度背后的深层原因，为进一步建设高质量、可持续的托育服务体系提供实践性建议。

（2）调查工具

①调查问卷

本次调查问卷由两部分构成：第一部分为基础信息部分，旨在了解受访者及其家庭的基本信息及其对普陀区社区"宝宝屋"托育服务的参与概况；第二部分为满意度调查正文部分，采用李克特量表五分制，并对满意度进行了具体的维度划分。

参考国内外相关文献研究表明，家长满意度不仅与服务质量有关，还与其对服务的期望、需求以及孩子的体验密切相关[1]；可及性（地理位置和接送时间）、可负担性（托育费用等）[2]、托育机构的物理环境[3]和教师质量[4]也是影响家长对托育服务满意度的重要因素。通过对相关文献的系统性梳理，并结合普陀区社区"宝宝屋"托育服务的实际情况，本研究构建了四维度满意度分析框架（见表12）。

表 12 上海市普陀区社区"宝宝屋"家长满意度问卷结构表

维度		内容指向
第一部分	家庭基本信息	家庭组成、婴幼儿月龄、婴幼儿日常照护情况、家长学历及工作状态等。
	参与托育服务情况	参加过哪些社区"宝宝屋"；前往社区"宝宝屋"的交通方式和通行时间等。
	家庭居住信息	居住地所在区、所属街道镇、所在小区位置。
第二部分	儿童体验满意度	儿童情绪状态、游戏活动、师幼互动、幼幼互动等。
	从业人员满意度	从业人员稳定性、照护服务、情绪态度、能力等。
	管理服务满意度	服务预约、收费合理性、服务时间、合规性等。

本次调查问卷共有两版，第二版在第一版的基础上略有修改，增加了两方面的考察：家长对社区"宝宝屋"托育服务的付费意愿；家长在选择社区"宝宝屋"时最重要的考量因素。

②访谈提纲

本次访谈采用了半结构化访谈的方式。在对两次问卷调查收集到的数据进行初步分析后，课题组发现了一些值得深入探讨的关键问题。基于问卷中反映出来的问题和家长的反馈，编制了半结构化的访谈提纲，以便更全面地了解家长对社区"宝宝屋"托育服务的满意度及其背后的深层原因。

③GIS 数据分析与可视化工具

本次研究主要应用了 Mapbox 等时圈绘制功能，绘制了以"宝宝屋"各点位为中心的 15 分钟步行等时圈，并且借助 QGIS（Quantum GIS）实现用户居住地点位与"宝宝屋""15 分钟托育服务圈"关系的可视化。

1.Scopelliti M, Musatti T .Parents' View of Child Care Quality: Values, Evaluations, and Satisfaction[J].Journal of Child & Family Studies, 2013, 22(8).DOI:10.1007/s10826-012-9664-3.

2.陈若琳，涂妙如，李麗圳 . 新北市家長對婴幼兒托育照顾的满意度研究 . 人類發展與家庭學報 2014; 16:79-102.

3.Kaiser, S., Skjesol, I., Sætrum, A., Adolfsen, F., & Martinussen, M. (2020). Parent Satisfaction with the Open kindergarten in Norway. International Journal of Health Promotion and Education, 60(1), 49－62.

4.Nyland, B., Pan, B., Cooper, B., Nyland, C., & Zeng, X. (2016). Parents' Satisfaction with Kindergarten Services in Beijing at a Time of Systemic Expansion. Australasian Journal of Early Childhood, 41(1), 19-27.

3. 调查结果

（1）问卷调查对象的一般人口学特征

此部分旨在探讨参与调查的家长及其孩子的基本信息与育儿状况，包括他们的教育水平、家庭结构、育儿角色分配、经济支持情况、宝宝的年龄月龄以及地理位置等信息。

①家长基本信息

表 13 家长基本情况分析

名称	选项	频数	百分比 (%)	累积百分比 (%)
您是孩子的	母亲	210	48.39	48.39
	父亲	61	14.06	62.44
	外祖父母 / 祖父母	127	29.26	91.71
	保姆	34	7.83	99.54
	其他	2	0.46	100.00
学历	初中及以下	33	7.60	7.60
	高中 / 中专	73	16.82	24.42
	大学专科	84	19.35	43.78
	大学本科	203	46.77	90.55
	研究生及以上	41	9.45	100.00
家庭结构类型	两代人同住	234	53.92	53.92
	三代人同住	199	45.85	99.77
	其他	1	0.23	100.00
合计		434	100.0	100.0

参与调查的家长中，母亲的频数最高，占比达 48.39%，随后是祖父母 / 外祖父母及父亲，占比分别为 29.26% 和 14.06%，保姆和其他角色占比相对较小。

家长学历方面，本科学历的家长占比最高，为 46.77%，其次是高中 / 中专学历的家长，占比 16.82%，而拥有研究生及以上学历的家长占比为 9.45%。

家庭结构类型中，两代人同住的家庭，即仅有宝宝及其父母的家庭占比最高，为 53.92%；三代人同住的家庭（与祖辈同住）占比为 45.85%，其他类型的家庭结构占比很小。

②宝宝基本信息

表 14 宝宝基本情况分析

名称	选项	频数	百分比 (%)	累积百分比 (%)
月龄	0—6 个月	7	1.61	1.61
	7—12 个月	36	8.29	9.91
	13—18 个月	99	22.81	32.72
	19—24 个月	123	28.34	61.06
	25—36 个月	133	30.65	91.71
	37—48 个月（未入园）	36	8.29	100.00
性别	男	191	44.01	44.01
	女	243	55.99	100.00
有无兄弟姐妹	无	366	84.33	84.33
	有	68	15.67	100.00
来"宝宝屋"次数	5 次以下	149	34.33	34.33
	6—12 次	174	40.09	74.42
	13—20 次	68	15.67	90.09
	20 次以上	43	9.91	100.00
合计		434	100.0	100.0

参与调查的宝宝大多集中在 13 至 36 个月的年龄段，其中 25 至 36 个月的宝宝占比最高，达到 30.65%。在性别方面，女宝宝多于男宝宝，占比分别为 55.99% 和 44.01%。此外，大多数宝宝是独生子女，占比 84.33%。在访问"宝宝屋"的频率上，6 到 12 次的访问次数是最常见的，占比 40.09%。

③家庭养育现状

●宝宝白天主要照护人

表 15 宝宝白天主要照护人

主要照护人	响应		普及率（n=434）
	n	响应率	
母亲	147	32.74%	33.87%
父亲	31	6.90%	7.14%
外祖父母 / 祖父母	199	44.32%	45.85%
保姆	70	15.59%	16.13%
其他	2	0.45%	0.46%
汇总	449	100%	103.46%

备注：拟合优度检验时 $x^2 = 297.938$，$p = 0$

由上表可知，拟合优度检验显著 (x^2=297.938，p=0 <0.05)，意味着各项的选择比例具有明显差异性。

根据调查数据，宝宝白天的主要照护人中外祖父母／祖父母占据了最大的比例，达到 44.32%，显示出祖辈在宝宝日常照护中扮演着核心角色。紧随其后的是母亲，占比 32.74%，这与母亲在家庭育儿中的传统重要地位相符合。保姆作为照护人的占比为 15.59%。父亲作为照护人的比例相对较低，仅为 6.90%。其他类型的照护人比例非常小。

- "宝宝屋"主要预约人

表16 "宝宝屋" 主要预约人

主要预约人	响应		普及率（n=434）
	n	响应率	
母亲	303	69.18%	69.82%
父亲	81	18.49%	18.66%
外祖父母／祖父母	26	5.94%	5.99%
保姆	28	6.39%	6.45%
汇总	438	100%	100.92%

备注：拟合优度检验时 x^2 = 473.689，p = 0

从上表可知，拟合优度检验显著 (x^2 =473.689，p=0 <0.05)，意味着各项的选择比例具有明显差异性，可通过响应率或普及率具体对比差异性。

母亲是最主要的预约人，占比高达 69.18%；随后是父亲，占比为 18.49%。外祖父母／祖父母和保姆作为预约人的占比相对较小，分别为 5.94% 和 6.39%。

- "宝宝屋"缴费人

表17 "宝宝屋" 缴费人

缴费人	频数	百分比	累积百分比
父母	365	84.10%	84.10%
外祖父母／祖父母	59	13.59%	97.70%
父母与祖辈共同承担	10	2.30%	100.00%
合计	434	100.0%	

父母是"宝宝屋"服务的主要缴费人，承担了 84.10% 的缴费责任。外祖父母／祖父母也表现出对孙辈教育的支持，承担了 13.59% 的缴费责任。尽管父母与祖辈共同承担缴费的情况存在，但仅占 2.30%，在大多数情况下，缴费责任倾向于由父母承担。

表 18 全职带娃与主要照护人

主要照护人	是否有人全职带娃		汇总（n=434）
	无（n=241）	有（n=193）	
母亲	60（24.90）	87（45.08）	147（33.87）
父亲	8（3.32）	23（11.92）	31（7.14）
外祖父母/祖父母	148（61.41）	51（26.42）	199（45.85）
保姆	29（12.03）	41（21.24）	70（16.13）
其他	2（0.83）	0（0.00）	2（0.46）

备注：给优度检验时 $x^2 = 59.645$，$p = 0$

从上表可以看出，父母是否全职带娃对于主要照护人呈现出 0.01 水平显著性（x^2=59.645，p=0 <0.01）。

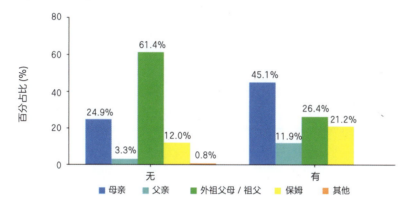

图 13 全职带娃与主要照护人的特点

在父母中没有人全职带宝宝时，外祖父母/祖父母是宝宝白天主要照护人的比例最高（61.41%），其次是母亲（24.9%）、保姆（12%）、父亲（3.3%）。当有人全职带宝宝时，母亲（45.1%）则替代外祖父母/祖父母（26.4%）成为宝宝最主要的照护人，随后是保姆（21.2%）和父亲（11.9%）。

综上所述，本次调查反映当代家庭在育儿方面的多样性和复杂性，以及家庭结构、教育背景和经济责任在育儿活动中的特点。这些信息为儿童服务机构在设计服务、优化预约系统和制定营销策略时提供了参考，有助于更好地满足不同家庭的需求，并为政策制定者提供了关于家庭支持服务需求的视角。

（2）社区"宝宝屋"的选择与可及性分析

家长对社区"宝宝屋"具体点位的选择受到多方面因素的影响，此部分旨在通过对"宝宝屋"点位分布及其"15 分钟托育服务圈"与用户居住地信息的对比分析，了解当前用户在"宝宝屋"点位上的选择偏好和"宝宝屋"托育服务建设的可及性。

①社区"宝宝屋"托育服务点位的嵌入式建设与分布

普陀区街道镇社区"宝宝屋"的建设主要通过嵌入公办机构、社会办托育机构和依托党群服务中心或社区文化中心。

根据最新数据,普陀区已建成并投入使用的社区"宝宝屋"托育服务点位共计 27 个,覆盖全区十个街道镇。

②家长对社区"宝宝屋"托育服务点位的选择

通过调查,课题组发现家长在社区"宝宝屋"托育服务点位的选择上并不完全固定。有超过半数（53.69%）的家长去过不止一个社区"宝宝屋",其中有 31.11% 的家长去过两个社区"宝宝屋",13.59% 的家长去过三个社区"宝宝屋",甚至有一位家长带宝宝体验过七个社区"宝宝屋"。（见表 19）

表 19 参加过的社区"宝宝屋"托育服务点位的数量

名称	选项	频数	百分比 (%)	累积百分比 (%)
数量	1	201	46.31	46.31
	2	135	31.11	77.42
	3	59	13.59	91.01
	4	23	5.30	96.31
	5	13	3.00	99.31
	6	2	0.46	99.77
	7	1	0.23	100.00
合计		434	100.0	100.0

通过社区"宝宝屋"托育服务点位所属街道镇与用户家庭住址所属街道镇的交叉分析（见表 20）可知,大部分的家长倾向于选择居住地所属街道镇的社区"宝宝屋"。

表 20 社区"宝宝屋"所属街道镇与用户家庭住址所属街道镇的交叉分析

题目	名称	社区"宝宝屋"所属街道镇 (%)										总计	x^2	p
		万里街道	宜川路街道	曹杨新村街道	桃浦镇	甘泉路街道	真如镇街道	石泉路街道	长寿路街道	长征镇	长风新村街道			
用户家庭住址所属街道镇	万里街道	22(55.00)	2(3.39)	3(7.69)	1(1.23)	1(1.82)	0(0.00)	0(0.00)	3(7.69)	0(0.00)	0(0.00)	32(7.37)		
	宜川路街道	0(0.00)	31(52.54)	1(2.56)	0(0.00)	4(7.27)	0(0.00)	3(7.50)	0(0.00)	1(6.67)	0(0.00)	40(9.22)		

（续表）

题目	名称	社区"宝宝屋"所属街道镇 (%)										总计	x²	p
		万里街道	宜川路街道	曹杨新村街道	桃浦镇	甘泉路街道	真如镇街道	石泉路街道	长寿路街道	长征镇	长风新村街道			
用户家庭住址所属街道镇	曹杨新村街道	1(2.50)	0(0.00)	21(53.85)	1(1.23)	0(0.00)	0(0.00)	0(0.00)	9(23.08)	1(6.67)	1(4.00)	34(7.83)	1535.058	0.000**
	桃浦镇	0(0.00)	0(0.00)	0(0.00)	63(77.78)	0(0.00)	9(21.95)	2(5.00)	4(10.26)	1(6.67)	1(4.00)	80(18.43)		
	甘泉路街道	0(0.00)	7(11.86)	3(7.69)	0(0.00)	35(63.64)	0(0.00)	5(12.50)	2(5.13)	0(0.00)	0(0.00)	52(11.98)		
	真如镇街道	0(0.00)	0(0.00)	2(5.13)	3(3.70)	2(3.64)	26(63.41)	7(17.50)	0(0.00)	0(0.00)	0(0.00)	40(9.22)		
	石泉路街道	0(0.00)	14(23.73)	3(7.69)	0(0.00)	5(9.09)	0(0.00)	22(55.00)	14(35.90)	0(0.00)	0(0.00)	58(13.36)		
	长寿路街道	6(15.00)	2(3.39)	0(0.00)	0(0.00)	0(0.00)	0(0.00)	1(2.50)	7(17.95)	0(0.00)	0(0.00)	16(3.69)		
	长征镇	0(0.00)	0(0.00)	0(0.00)	2(2.47)	0(0.00)	1(2.44)	0(0.00)	0(0.00)	12(80.00)	3(12.00)	18(4.15)		
	长风新村街道	0(0.00)	2(3.39)	6(15.38)	1(1.23)	0(0.00)	1(2.44)	0(0.00)	0(0.00)	0(0.00)	19(76.00)	29(6.68)		
	其他区	11(27.50)	1(1.69)	0(0.00)	10(12.35)	8(14.55)	4(9.76)	0(0.00)	0(0.00)	0(0.00)	1(4.00)	35(8.06)		
总计		40	59	39	81	55	41	40	39	15	25	434		

* p<0.05 ** p<0.01

在调查中我们还发现，除了居住在普陀区辖区内的家长，也有外区的家长选择来到普陀区社区"宝宝屋"享受托育服务。在434位受访者中，有35位家长来自外区（见表21），占总受访人数的10.2%。这35位外区受访者中，来自与普陀区相邻的嘉定区的用户最多，共计11位，占比31.43%；其他大部分来自与普陀区毗邻或相近的静安区、宝山区、虹口区和长宁区；仅有2位来自距普陀区较远的浦东新区。

表21 来自普陀区外的家长

名称	选项	频数	百分比 (%)	累积百分比 (%)
区（县）名称	嘉定区	11	31.43	31.43
	静安区	7	20	51.43
	宝山区	6	17.14	68.57
	虹口区	5	14.29	82.86
	长宁区	4	11.43	94.29
	浦东新区	2	5.71	100
合计		35	100.0	100.0

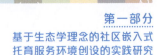

　　这些外区的家长在宝宝屋点位的选择上，基本呈现出了就近的态势。例如，来自嘉定区的家长大多选择的点位是两区相邻地带的桃浦镇和真如镇街道的社区"宝宝屋"点位；再例如，万里·生活服务中心的位置在众多社区"宝宝屋"点位中尤为突出，它与宝山区、静安区、长宁区等区相邻，承接了来自多个相邻外区的家庭，甚至辐射到了虹口区的一些小区。尽管在调查问卷中并未有来自宝山区的家长选择万里·生活服务中心"宝宝屋"点位，我们多次到访万里"宝宝屋"以及在访谈中均遇到不少来自宝山区的用户。

表22 来自外区的家长对普陀社区"宝宝屋"点位的选择

题目	名称	13.1						总计	x^2	p
		嘉定区	宝山区	浦东新区	虹口区	长宁区	静安区			
真如·高陵社区"宝宝屋"	1.0	5	0	0	0	0	1	6	9.765	0.082
如·清涧社区"宝宝屋"	1.0	1	0	0	0	0	0	1	2.246	0.814
石泉·兰田片区	1.0	0	0	0	0	0	2	2	8.485	0.131
长风·民办欢乐谷幼儿园	1.0	0	0	1	0	0	0	1	16.985	0.005**
万里·生活服务中心	1.0	0	0	0	5	3	3	11	23.565	0.000**
桃浦南部党群服务中心	1.0	1	1	0	0	0	0	2	2.660	0.752
普陀早教·总部	1.0	1	0	0	0	0	0	1	2.246	0.814
宜川·香溢片区	1.0	0	0	1	0	0	1	2	11.799	0.038*
桃浦镇西部党群服务中心	1.0	7	3	0	0	0	0	10	15.177	0.010**
曹杨·武宁党群服务中心	1.0	1	0	0	0	0	0	1	2.246	0.814
甘泉·甘泉党群服务中心	1.0	0	3	0	0	0	2	5	11.083	0.050*
其他区的"宝宝屋"	1.0	4	1	0	0	0	1	6	5.178	0.395
甘泉·民办蘑菇亭幼儿园	1.0	0	0	1	0	0	2	3	10.391	0.065

* p<0.05 ** p<0.01

　　通行时间的长短可以直观地反馈出社区"宝宝屋"点位之于居民的便利性程度。在通行时间上（表23），434位受访者中有226位表示通常将宝宝送往"宝宝屋"的时间在15分钟以内，占比61.29%；而所需时间在30分钟内的有416人，占比95.85%；仅有18人花费时间超过30分钟。

表 23 将孩子送往"宝宝屋"所需时间

名称	选项	频数	百分比 (%)	累积百分比 (%)
通行时间	10 分钟及以内	134	30.88	30.88
	11—15 分钟	132	30.41	61.29
	16—20 分钟	77	17.74	79.03
	21—25 分钟	37	8.53	87.56
	26—30 分钟	36	8.29	95.85
	30 分钟以上	18	4.15	100.00
合计		434	100.0	100.0

综合上述数据，不难发现家长在社区"宝宝屋"托育服务点位的选择基本呈现出就近的态势，家长们倾向于选择居住地附近的"宝宝屋"点位。由此可见，普陀区基于"15分钟社区生活圈"建设的社区"宝宝屋"托育服务体系在便利性和可及性方面展现了积极价值，为普陀区辖内居民提供了方便可及的托育服务。

③社区"宝宝屋"与"15 分钟生活圈"

15分钟社区生活圈是上海打造社区生活的基本单元,即在15分钟步行可达范围内,配备生活所需的基本服务功能与公共活动空间,形成安全、友好、舒适的社会基本生活平台,[1] 而社区"宝宝屋"托育服务是其中保障"幼有善育"的重要环节。

为了解当前社区"宝宝屋"各点位与用户"15 分钟生活圈"的契合度，本研究通过 QGIS 以参与调研的 13 个社区"宝宝屋"点位为中心绘制 15 分钟步行等时圈，呈现出其与所有参与问卷调查的用户家庭住址点位之间的关系。

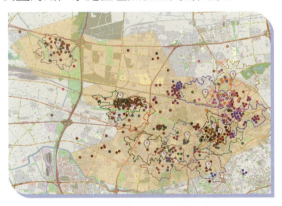

图 14 参与调研的社区"宝宝屋"15 分钟等时圈与用户家庭住址关系图

1.上海市规划和自然资源局.上海市15分钟社区生活圈规划导则（试行）.沪规土资详〔2016〕636号(2016-8-15)[2024-09-19].https://hd.ghzyj.sh.gov.cn/zcfg/ghss/201609/P020160902620858362165.pdf

通过可视化的方法，可以清楚地看到用户的家庭住址与各个社区"宝宝屋"15分钟等时圈之间的关系。通过进一步的量化分析（表24）可知，用户家庭住址在其接受问卷调查的社区"宝宝屋"15分钟等时圈内的仅有236名，占总受访者的54.38%。

表24 用户家庭住址是否在"宝宝屋"15分钟等时圈内

	"宝宝屋"名称													
	万里·生活服务中心	宜川·香溢片区	曹杨·武宁党群服务中心	桃浦南部党群服务中心	桃浦镇西部党群服务中心	长风·民办欢乐谷幼儿园	甘泉·甘泉党群服务中心	真如·高陵集市	石泉·兰田片区	甘泉·民办蘑菇亭幼儿园	金海螺幼儿园	长寿·凯旋片区	长风·枣阳片区	合计
本"宝宝屋"等时圈内	0	40	16	33	24	6	28	24	20	6	4	20	15	236
本"宝宝屋"等时圈外（普陀区）	29	19	23	9	6	2	6	14	17	7	11	19	1	163
本"宝宝屋"等时圈外(外区)	11	0	0	0	9	1	5	3	3	3	0	0	0	35

以上数据反映即便有更加方便可及的"宝宝屋"点位，家长在托育服务的选择上，存在"舍近求远"的情况，除了便利性外，家长的选择可能受到其他多种因素的影响。

（3）家长满意度

①托育环境满意度

婴幼儿的托育环境对其健康与发展至关重要，一个明亮、整洁、安全的托育环境不仅能够保障他们的安全，还能促进他们的认知、情感和社交能力的发展。

表25 环境满意度具体分析（N=434）

环境满意度	最小值	最大值	平均值	标准差
"宝宝屋"室内明亮整洁，通风状况良好。	2	5	4.93	0.31
"宝宝屋"的游戏设施养护状况良好。	3	5	4.90	0.32
"宝宝屋"提供的游戏设施适合孩子的年龄特点。	3	5	4.90	0.33
"宝宝屋"内区域设置合理，安全防护设施齐备，能够保障孩子的游戏安全。	2	5	4.89	0.36
"宝宝屋"提供了丰富多样的玩具材料，能够满足孩子的发展需求。	3	5	4.88	0.35

（续表）

环境满意度	最小值	最大值	平均值	标准差
"宝宝屋"内有温馨舒适的饮水区,方便孩子随时自主饮水,培养他们良好的生活习惯。	2	5	4.76	0.54
"宝宝屋"内提供了便于使用的婴幼儿盥洗设备及母婴护理设备。	2	5	4.75	0.57

在"宝宝屋"的家长满意度调查中,家长对涉及设施与环境的部分表现出高度认可。特别是"室内明亮整洁,通风状况良好"这一项得到了高达 4.93 的评价。此外,游戏设施养护状况良好和设施适龄化以及高安全性也获得了家长的高度赞誉,体现了"宝宝屋"在创造健康、安全的托育环境方面的成功。

虽然盥洗设备及母婴护理设备的满意度得分略低,但仍然处于较高水平,暗示还有一定的改进空间。

②儿童体验满意度

在本次调查中,家长对孩子在"宝宝屋"中的体验表现出高度满意。

表 26 儿童体验满意度具体分析（N=434）

儿童体验满意度	最小值	最大值	平均值	标准差
孩子在"宝宝屋"中感到快乐,愿意去"宝宝屋"。	3	5	4.86	0.39
孩子在"宝宝屋"中感到安全,很少哭闹。	2	5	4.81	0.45
孩子能够在"宝宝屋"中自由游戏,自主选择玩具和材料。	3	5	4.89	0.35
孩子喜欢参加教师组织的集体游戏活动。	3	5	4.84	0.42
孩子喜欢"宝宝屋"的教师,愿意和教师亲近。	3	5	4.89	0.34
孩子在"宝宝屋"中的游戏不会被打扰,很少因为玩具争抢或空间冲突与其他孩子发生争执。	3	5	4.84	0.39
孩子可以在运动、认知、语言、情感和社会技能等方面有收获。	3	5	4.88	0.35

具体来看,家长们特别认可孩子在"宝宝屋"中感到快乐和安全性,孩子在"宝宝屋"中能够自由选择玩具和材料,并且喜欢与教师亲近,这些因素的平均得分均接近满分,表明"宝宝屋"在儿童体验方面做得很好。此外,家长对"宝宝屋"帮助孩子在运动、认知、语言、情感和社交技能等方面取得进步的表现也给予了高度评价,这表明家长认可"宝宝屋"除了日常的照护以外,还能对孩子有积极的教育影响。

③从业人员满意度

在本次调查中,家长对"宝宝屋"中的从业人员表现出高度满意。

表 27 从业人员满意度具体分析（N=434）

从业人员满意度	最小值	最大值	平均值	标准差
"宝宝屋"从业人员在接领孩子时能规范做到安全和健康查验。	3	5	4.91	0.30
"宝宝屋"从业人员分工明确，协作默契。	3	5	4.90	0.32
"宝宝屋"从业人员对孩子的日常照护细致、合理。	3	5	4.90	0.31
"宝宝屋"从业人员能给您关于孩子发展与养育的专业建议。	1	5	4.90	0.38
"宝宝屋"从业人员善于调节孩子情绪，解决孩子在游戏中的冲突。	3	5	4.89	0.35
"宝宝屋"从业人员能与您及时沟通与反馈孩子的情况。	2	5	4.89	0.36
"宝宝屋"从业人员有较强的活动组织能力。	3	5	4.89	0.35
"宝宝屋"从业人员具有稳定性，能够与孩子建立信任感。	3	5	4.88	0.39

对从业人员的满意度调查，所有指标的平均值均接近 5 分，表明受访者对"宝宝屋"从业人员各方面的表现评价较高，普遍认为从业人员工作表现优秀，认为"宝宝屋"在人员配置和服务提供上做得很好，能够满足家长的期望。

得分最高的四个指标（均值 >4.6）是"'宝宝屋'从业人员对孩子有热情、耐心""'宝宝屋'从业人员在接领孩子时能规范做到安全和健康查验"和"'宝宝屋'从业人员分工明确，协作默契"以及"'宝宝屋'从业人员对孩子的日常照护细致、合理"这四点。

相对而言，"宝宝屋"从业人员的稳定性得分较低。这是一个值得关注的要点，稳定的从业人员队伍能够为孩子提供更持续、更熟悉的照顾和教育，有助于建立孩子的安全感和信任感。

④管理服务满意度

表 28 管理服务具体分析（N=434）

管理服务满意度	最小值	最大值	平均值	标准差
"宝宝屋"的 2 小时活动丰富多样，安排合理。	3	5	4.90	0.32
"宝宝屋"同一时段内容纳的孩子数量合理。	3	5	4.89	0.34
"宝宝屋"从业人员配备满足 1：5（师幼比例）的要求。	3	5	4.89	0.32
"宝宝屋"可以为您提供儿童发展、托幼衔接等方面的信息支持。	3	5	4.88	0.34
"宝宝屋"的收费标准合理，能够负担。	2	5	4.88	0.36
"宝宝屋"为家长们提供了相互联系、沟通交流的机会。	3	5	4.87	0.34
"宝宝屋"的服务时间安排合理，能够满足家庭需要。	2	5	4.86	0.40
您可以通过随申办、公众号等渠道便捷地获取"宝宝屋"的相关信息。	3	5	4.84	0.39

（续表）

管理服务满意度	最小值	最大值	平均值	标准差
"宝宝屋"随申办的预约通道顺畅快捷。	2	5	4.74	0.56
您对"宝宝屋"的预约成功率感到满意。			4.71	

家长们普遍认为"宝宝屋"在活动丰富性（4.90分）、容纳孩子数量（4.89分）和师幼比例（1∶5）方面表现优秀，能够满足孩子的需求。他们也对"宝宝屋"提供的儿童发展和托幼衔接信息（4.88分）、收费合理性（4.88分）、家长交流机会（4.87分）表示满意。不过，家长们对服务时间安排的满意度相对较低，建议"宝宝屋"提供更灵活的服务时间。在信息获取便捷性方面也有提升空间，希望"宝宝屋"可以优化信息发布流程。

此外，家长们对预约通道的顺畅性评价相对较低，这可能是由于预约系统存在一定的操作复杂性或响应速度较慢。"宝宝屋"可以考虑优化预约系统，提高用户体验。表29是家长对暑假期间和平日这两个时间段预约服务维度方面的得分比较。

表 29 假期与平日预约对比

预约满意度（部分）	时间段	个案数	平均值	标准差	平均值差值	t	p
"宝宝屋"随申办的预约通道顺畅快捷。	暑假期间	208	4.68	.672	−.114	−2.091	.037
	平日	226	4.79	.428			
您对"宝宝屋"的预约成功率感到满意。	暑假期间	208	4.60	.780	−.204	−3.274	.001
	平日	226	4.81	.469			

从表29的数据可见，无论是预约通道的顺畅程度还是成功率，暑假期间家长对预约的满意度会比平日更低。差异性检验表明，预约成功率和预约通道顺畅快捷这两方面存在显著差异（p<0.01和p<0.05）。

以上数据表明，暑假期间"宝宝屋"的需求快速增加，该时间段"宝宝屋"能够提供的托位不能完全满足家长们的需求。通过访谈，进一步对家长在预约上的困难进行了询问。

大部分家长都对平日预约成功率表示认可。有一部分家长指出预约困难，主要集中在暑假期间，这与部分区域需要托育服务的人口密度较高，"宝宝屋"本身在家长之间的口碑和自身的质量相关。

值得注意的是，一位家长提出"宝宝屋"在预约困难时的一个做法赢得了她的好感。

当有因故退约时，"宝宝屋"的工作人员会及时通过电话或微信提醒其他家长有名额的空缺。

为了进一步提升家长的满意度，"宝宝屋"可以考虑进一步优化预约系统，提高用户体验。例如，通过简化预约流程、提供更清晰的指引和反馈以及增强系统的稳定性和响应速度来改善。

⑤总体满意度

表30 家长对13个"宝宝屋"的总体满意度描述

"宝宝屋"名称	环境	儿童体验	从业人员	管理服务	平均值	标准差
真如·高陵社区"宝宝屋"	4.86	4.86	5.00	4.90	4.91	4.8
长寿·凯旋片区	4.57	4.57	4.56	4.60	4.58	14.8
石泉·兰田片区	4.86	4.86	5.00	4.90	4.91	2.3
长风·民办欢乐谷幼儿园	5.00	4.86	4.89	4.70	4.86	7.5
长风·枣阳片区	5.00	4.86	4.89	5.00	4.94	6.0
万里·生活服务中心	4.86	4.86	4.78	4.80	4.83	5.7
桃浦南部党群服务中心	5.00	5.00	5.00	5.00	5.00	4.3
宜川·香溢片区	4.71	4.86	4.89	4.80	4.82	7.8
桃浦镇西部党群服务中心	5.00	5.00	5.00	5.00	5.00	1.0
曹杨·武宁党群服务中心	4.86	4.86	4.89	4.60	4.80	3.4
甘泉·甘泉党群服务中心	5.00	5.00	5.00	4.90	4.98	2.3
甘泉·民办蘑菇亭幼儿园	5.00	5.00	5.00	5.00	5.00	.0
长征镇·民办金海螺幼儿园	4.86	4.86	4.89	4.90	4.88	10
合计	4.89	4.88	4.90	4.85	4.88	

通过对普陀区13个"宝宝屋"的家长总体满意度进行分析，可以看到家长们普遍对"宝宝屋"的服务和托育环境表示满意。提供的数据显示，所有"宝宝屋"平均满意度得分都超过了4.5分，总平均分达到了4.88分（满分为5分），这说明"宝宝屋"整体能够满足家长的期望。

综上所述，虽然普陀区的"宝宝屋"在总体上得到了家长的积极评价，但不同"宝宝屋"之间仍存在满意度的差异。这些差异可能与"宝宝屋"的服务质量、设施、教师素质、活动丰富性等因素有关。为了进一步提升家长的满意度，以上数据为"宝宝屋"的持续改进与优化提供了参考，特别是在得分较低和满意度波动较大方面。

此外，研究还对家长在选择"宝宝屋"时最看重的因素进行了调查。

表 31 家长最看重"宝宝屋"的方面

	第二顺位		第三顺位		第四顺位	
	个案数	百分比	个案数	百分比	个案数	百分比
托育环境	42	22.5%	43	23.0%	20	10.7%
从业人员	61	32.6%	59	31.6%	23	12.3%
交通便利性	18	9.6%	30	16.0%	102	54.5%
服务管理	66	35.3%	55	29.4%	42	22.5%

如上表所示，在托育环境、从业人员、交通便利性、服务管理四个方面中，家长最看重的是托育环境，其次是从业人员和交通便利性，最后是服务管理。

家长在 12 次免费体验后选择付费也是对"宝宝屋"满意的一种体现。在享受完 12 次"宝宝屋"的免费照护服务后，几乎所有（94.1%）家长表示愿意付费继续送宝宝来"宝宝屋"。

（4）家长选择"宝宝屋"的考虑因素

调查中，家长们并不局限于仅探索单一的"宝宝屋"，而是倾向于体验多个不同的"宝宝屋"。这种趋势表明，尽管地理位置的便利性是一个重要因素，但一些家长愿意穿越 15 分钟步行等时圈，前往地理位置相对较远的"宝宝屋"。访谈部分将进一步对家长选择"宝宝屋"的考虑因素进行探究。

① 社区"宝宝屋"信息的获取

在这一部分主要对家长如何知晓"宝宝屋"并前往的原因进行了访谈，并总结出以下三种家长获取"宝宝屋"信息的方式。

第一种方式为他人推荐，这是最主要的途径。其中包括教师推荐、微信宝妈群推荐和家长线下推荐。家长们通常重视教师建议，相信教师能为孩子成长发展提供专业指导。除此之外，宝妈们通过微信群分享育儿经验和资源，交流"宝宝屋"使用体验、分享特色优势，为其他家长提供了宝贵参考。家长线下推荐同样不可忽视。在日常生活中，家长带孩子玩耍、参加活动时会结识其他家长，会主动推荐好的"宝宝屋"。

第二种方式是学校基于网络的通知。这为家长提供了了解"宝宝屋"的机会。

第三种方式是家长自行搜索。家长可通过微信搜索功能，输入关键词查找相关公众号、文章、小程序等，了解"宝宝屋"信息和评价，这种途径便捷且可根据需求偏好筛选比较。

② 社区"宝宝屋"点位的决策

●环境因素——场地和玩具

环境因素在家长选择"宝宝屋"的过程中占据着至关重要的地位，其原因主要包括以下几个方面。

首先，家长强调场地要大且明亮，在家庭环境相对有限的情况下，"宝宝屋"作为孩子接触外部世界的重要场所，宽敞明亮的场地有助于激发他们的好奇心和探索欲，促进其认知和感官的发展。其次，家长指出一个有吸引力的托育环境对于儿童的参与度和接受度至关重要。认为孩子只有被环境吸引，才能主动进入其中。此外，安全性也是家长关注的重点。家长们更加重视托育环境的安全性，良好的通风条件、定期的清洁消毒、合适的人员密度等都可以降低疾病传播的风险，为孩子的健康提供保障。

●师资因素——教师配置和活动丰富度

在访谈中，家长多次强调"宝宝屋"教师的重要性，反映出教师在"宝宝屋"教育环境中的不可或缺。

首先，家长高度认可教师在与孩子互动方面的作用。家长认为教师通过游戏和活动与孩子的互动，被视为"宝宝屋"与家庭环境的显著区别之一。其次，教师的专业性是家长高度在意的方面。家长指出教师的专业引导和教育方式是家庭难以提供的。教师能根据孩子年龄特点和发展需求制订合适的教育计划，引导孩子学习新知识，培养良好习惯和品德。家长认为教师的重要性还体现在保护孩子安全。婴幼儿走路不稳且好奇心强，容易磕碰，有专业教师在旁可尽量避免。此外，有的家长更关注教师的耐心以及能给孩子和自己带来情感上的安全感、放心感。同时，活动丰富度也与师资密切相关。家长认为丰富的活动能激发孩子的兴趣和参与度，而教师在活动的设计和组织中起着关键作用。

●地理位置——便利性与对质量的追求

地理位置的便利性在家长选择"宝宝屋"的决策中也起着重要作用。

有许多家长会将宝宝送往家附近的"宝宝屋"。家长们表示这样可以避免长时间的通勤，天气炎热或下雨的时候，自己和孩子也会更舒适、便利，同时熟悉的周边环境能给自己和孩子带来安全感。家长能够更好地掌握孩子的活动范围和安全情况。

值得注意的是，对地理位置以及便利性进行访谈时，部分家长却会"舍近求远"。之所以做出如此选择，主要是因为其他因素在他们的考量中占据了更为重要的地位。比如，有的家长因为教师特别好而选择较远的"宝宝屋"。他们认为，优质教师资源能够给孩子带来更好的启蒙教育和成长体验，即使需要花费更多时间和精力在路程上也值得。还有的家长是因为"宝宝屋"的托育环境好而选择较远的地方。对于这些家长来说，良好的环境能够吸引孩子，让孩子在舒适、安全的氛围中玩耍和学习，这对孩子更重要。

此外，丰富的活动内容也是一些家长"舍近求远"的原因之一。这些家长认为，活动丰富的"宝宝屋"能够更好地满足孩子的发展需求。

总体来看，虽然地理位置的便利性对于家长选择"宝宝屋"有一定的影响，但当"宝宝屋"在师资、托育环境、活动丰富度等方面表现出更高的质量时，家长们会为了追求更高质量而放弃便利性。他们更关注孩子在"宝宝屋"中能够获得的教育启蒙、舒适环境以及丰富体验，愿意为此付出更多时间和精力。

4. 结果讨论与分析

（1）普陀区"宝宝屋"整体建设情况良好

首先，在建设布局上，普陀区已建成并投入使用的 22 个"宝宝屋"托育服务点位覆盖了全区十个街道镇，形成了广泛的服务网络，为居民提供了便利的托育服务选择。这种全面的布局充分体现了普陀区政府对托育服务的高度重视和积极推进，确保了每个街道镇的婴幼儿家庭都能够受益于"宝宝屋"的服务。

第二，家长对"宝宝屋"的各方面表现出高度满意。"宝宝屋"在托育环境方面明亮整洁、设施完备，为孩子创造了安全舒适且富有吸引力的成长空间；婴幼儿在"宝宝屋"体验良好，感到快乐安全，各方面能力有所收获；从业人员热情耐心专业，在多个方面表现出色，赢得家长高度认可；管理服务上活动丰富合理，收费标准适宜，能提供信息支持和交流机会；家长获取信息便捷，虽暑假预约有挑战，但整体能满足家庭需求。

第三，家长在"宝宝屋"托育服务点位的选择上基本呈现就近的态势，这与政府所提倡的"方便可及的托育体系"相契合。同时，普陀区还吸引了部分外区的家长前来享受托育服务，进一步说明普陀区的"宝宝屋"为居民提供了便捷、优质的托育服务。

第四，"宝宝屋"的建设和发展为家庭提供了重要的支持，特别是在婴幼儿照护方面。外祖父母/祖父母在宝宝日常照护中扮演着重要角色，而"宝宝屋"的存在为他们提供了一定的缓解和帮助，减轻了家庭的负担。

综上所述，普陀区在"宝宝屋"的整体建设方面取得了令人瞩目的成绩，为婴幼儿家庭提供了优质、便捷的托育服务，对促进婴幼儿的健康成长和家庭的和谐发展起到了积极的作用。

（2）普陀区"宝宝屋"进一步改进和完善的方向

随着社会的发展和变化，"宝宝屋"要能够适应新的形势和需求，如人口结构变化、家庭需求变化等，及时调整服务内容和方式。要建立一种可持续的运营模式，包括合理的收费标准、有效的管理机制、与社区和家长的良好合作关系等，确保"宝宝屋"能够长期健康发展。

同时，人民满意是衡量"宝宝屋"服务质量的关键标准，只有让家长和孩子满意，"宝宝屋"才能真正发挥其应有的作用，促进婴幼儿的健康成长。

本次调查结果为普陀区"宝宝屋"在以下三方面的完善提供了建议。

首先，优化预约系统。暑假期间"宝宝屋"的预约需求快速增加，部分"宝宝屋"在预约成功率和通道顺畅性方面存在不足。为了进一步提升家长的满意度，必须优化预约系统，简化流程，提供清晰指引和反馈，增强系统稳定性和响应速度。同时，应探索提供更多预约渠道，如电话预约、现场预约等，以满足不同家长的需求。

其次，提升服务质量的均衡性。尽管普陀区的"宝宝屋"整体上得到了家长的积极评价，但不同"宝宝屋"之间仍存在满意度的差异。未来需要密切关注那些得分较低和满意度波动较大的"宝宝屋"，深入分析原因并进行针对性改进，以确保各"宝宝屋"的服务质量能够均衡提升。

此外，持续关注家长反馈。家长的满意度是"宝宝屋"可持续发展的关键，因此要及时了解家长的需求和期望，通过多种渠道收集家长的意见和建议，并根据反馈及时调整和优化服务。同时，加强与家长的沟通交流，鼓励家长参与到"宝宝屋"的建设和管理中来，形成共同促进"宝宝屋"发展的良好氛围。

二、基于生态学理念社区嵌入式托育服务环境创建模式

1. ECAD 模式创建的基础

2018 年 8 月，生态环境部出台《关于生态环境领域进一步深化"放管服"改革，推动经济高质量发展的指导意见》，首次明确提出"探索开展生态环境导向的城市开发（EOD）模式"。近年来，生态环境部陆续出台十余份文件倡导 EOD 模式发展，推动 EOD 试点申报，在此背景下，基于项目实践的 EOD 模式应运而生。

EOD（Eco-environment-oriented Development）模式是以生态保护和环境治理为基础，以特色产业运营为支撑，以区域综合开发为载体，采取产业链延伸、联合经营、组合开发等方式，推动公益性较强、收益性差的生态环境治理项目与收益较好的关联

产业有效融合，统筹推进，一体化实施，是一种创新性的项目组织实施方式。EOD 模式具有以下四个关键特征：有效组合、收益反哺、一体实施、金融支持。

社区嵌入式托育服务大多建在街道镇综合性服务场地，原先的用途并不仅限于社区综合服务，设施设备不全。与 EOD 模式不同的是，托育服务环境优化的主要目的不在于营利，而更多在于开展 1—3 岁婴幼儿的公益性托育，但 EOD 模式承载了环境导向发展，其中的环境改进理念与特征是可以借鉴的。

在 EOD 模式的启发下，课题组对托育服务环境创建的过程进行梳理，创建基于生态学理念的社区嵌入式托育服务环境创建模式——ECAD。

2. ECAD 模式解析

ECAD 模式，即 E（Ecology 生态），C（Combination 组合），A（Assessment 评估），D（Development 发展）。以生态学理念为基础，推动多主体综合力量的组合与融合，以区域综合开发为载体，构建"一屋一品"，基于评估持续优化环境创设，联合开发推动社区"宝宝屋"项目的落地。模式的特点为统筹推进，一体实施，循环评估，持续发展，在过程中渗透生态学理念。

（1）统筹推进

社区嵌入式托育服务——"宝宝屋"的建设是一个全新的领域，对于街道镇来说完全没有这方面的专业知识。即便有相应资质、条件的学前教育机构或托育机构也缺乏运营社区"宝宝屋"的相关经验，统筹推进是必然的。

《关于加强本市社区托育服务工作的指导意见》提出了以属地管理为主，各职能部门分工分级、协同管理的工作机制。即教育部门牵头管理社区托育服务工作，指导街道镇开展社区托育服务体系建设；各街道镇负责提供社区"宝宝屋"场地、落实资金、更新维护设施设备，探索引进有资质的托育机构、社会组织等参与承接"宝宝屋"运营管理。《上海市学前教育与托育服务条例》也明确指出："街道办事处可以自行运营管理社区托育点，也可以通过购买服务、委托运营等方式委托具有相应资质、条件的学前教育机构或托育机构运营管理。"

为了更好地贯彻文件精神，落实"分工分级、协同管理"的工作机制，课题组组建了"教育部门—街道镇—运营方"三方协作团队。统筹推进体现在前期调研、环境改造和评估运维的全程中。

在前期调研阶段，团队实地走访各街道区域内已有儿童友好活动场地，根据楼层位置、空间朝向、设施设备、周边社区资源等综合因素，与街道负责人共同选定最适宜开设嵌入式托育服务的场地，并对街道原有安全设施、运营方式、已有活动材料、盥洗室情况等做进一步调查。

在环境改造阶段，团队基于走访调研的实际情况，以最低成本制定改建方案。街道在原建基础上，提供嵌入式托育服务的区域规划、硬件设备等改建方案，区早期教育指导中心提出教育专业层面的改进意见，形成设计图纸，改建工程队从建筑结构、基础工程角度再修订，形成改建方案的闭环机制。如曹杨新村街道·武宁党群服务中心的儿童友好活动空间，以"家中心"的概念衔接相邻区域"为小服务"的总体布局。改建前期，街镇提出保留原"料理妈妈（亲子料理厨房）"和"智慧妈妈（亲子活动空间）"双融合的特色形式嵌入托育服务中（见图 15 和 16）。

课题组团队倾听和讨论街道的想法后，融入了普陀区学前健康教育"全天候营养膳食"的理念，设计"养育"氛围的托育服务环境改建方案，嵌入二十四节气育儿营养膳食理念，从"宝宝养""宝宝食"和"宝宝育"的角度提出设计方案，让"智慧妈妈"区域成为"宝宝屋"的延展部分，提供家长休息、话题交流、营养膳食制作等综合性服务的场地，与毗邻的"宝宝屋"融为一体。

图 15 料理妈妈空间　　图 16 智慧妈妈空间

在评估运维阶段，课题组成员在研究嵌入式托育服务创建过程中，不断思考与改进。由不同主体运维"宝宝屋"过程中，街道负责场地管理、环境与物资保障，区早期教育指导中心负责人员管理、运维支持和评估，联合消防、公安、市场等多部门提升"宝宝屋"运维的安全性。

（2）一体实施

即将生态学理念融入环境创设的全过程。生态学理念的整体性、开放性、多样性、动态性和可持续发展性特征不仅体现在物理空间中，也体现在社会空间和心理空间中。不仅是硬件设施、相关设备以及玩具材料，也包括家庭、同伴等与儿童产生直接交互作用的因素，个体之间的交往或组织之间的相互了解等，通过各种渠道间接影响儿童发展的因素。

在创设环境的过程中，要考虑从家庭需求出发，在预约、接送、照护、反馈四个环节中均体现一体化的友好状态。

在预约环节，普陀区是全市首个试点完成社区"宝宝屋"与随申办政府网站链接全线上预约流程服务的项目，其中包括服务资格认定、预约、签到、婴幼儿接领安全性等相关流程，所有信息实现与"一网通办"大数据对接，采用"随申办"线上实名认证预约登记制度，由街道镇统一受理服务需求。预约界面全面呈现"宝宝

图 17 随申办预约平台界面

屋"点位布局、预约场次、相应的开设地址等信息，家长可以足不出户在线登记幼儿信息，完成预约后凭预约码核销进入"宝宝屋"。此环节充分考虑了祖辈预约"宝宝屋"服务的困难，并能够有效地架设家庭与社区之间的沟通桥梁，便于"宝宝屋"统计幼儿人数，做好事先安排。

在接送环节，无论"宝宝屋"在哪里，社区均能为家庭接送婴幼儿提供指引和便利。"宝宝屋"有醒目的标志，在人员配备上保障接送安全。

在照护环节，"宝宝屋"设置了嵌入式、标准化的设施设备，创设"半开放"的适儿空间，将所有橱柜高度都维持在 1 米左右，便于孩子拿取物品，开展游戏。对于不愿家长离开的孩子和不放心孩子的家长，照护区域采用透明玻璃、围栏等作为间隔，方便家长随时随地探视孩子，便于亲子间的眼神交会和近距离接触，降低孩子的疏离感，提升孩子的心理安全感。

图 18 长寿路街道社区"宝宝屋"

长寿路街道凯旋片区的家长休息区设置在"宝宝屋"内，公共空间让家长可以近距离观察孩子在屋内的照护情况，研究反思同一空间如何形成

图 19 半开放模式下的亲子互动

半开放的环境成为了游戏环境的改建焦点。如图19，我们尝试用不超过婴幼儿身高的低矮围栏与橱柜组合，形成婴幼儿休息区与家长休息区双空间共融的模式。

图20 曹杨街道膳食营养互动空间

0—2岁的孩子差异较大，针对每个孩子都要有不同的托育方式。普陀社区"宝宝屋"以幼儿托、亲子托和特殊幼儿托为载体，分层结构、分类推进嵌入式、菜单式、分龄式的托育服务，满足不同家长的育儿需求。

位于曹杨·武宁党群服务中心的首个"宝宝屋"挂牌开张后，家长在专业营养师的指导下，了解到不少宝宝辅食的制作方法。具有育婴师资格证的家长还可以进入"宝宝屋"一同陪伴孩子。

在反馈环节，"宝宝屋"的工作人员能够运用接送时间做好孩子情况的务虚和物品交接，还能通过与家长的沟通，了解不同孩子的需求，为家庭提供育儿指导。

位于甘泉路街道党群服务中心的社区"宝宝屋"，自挂牌开张以来，为每一位来到

图21"一人一档"成长档案

"宝宝屋"的孩子制定个性化"一人一档"成长记录册，包括"开心一刻"微视频、精彩瞬间、活动体验、教师的话四个板块。希望通过成长档案的记录，让每一个来到"宝宝屋"的孩子都能被呵护到，与家长共同分享孩子2小时的体验收获，提升个性化的优质服务，正面教育与家长的养育达到双向奔赴。

（3）循环评估

尽管上海市《关于加强本市社区托育服务工作的指导意见》中已经对"宝宝屋"的设置规范提出了要求，如"宝宝屋"场地应有相对独立的区隔空间，设有幼儿盥洗设备和母婴室，配备符合幼儿发展特点、支持托育服务需要的家具、用具、玩具、图书和游戏材料等，安装视频安防监控系统，但这些规范标准的制定仅仅是上海市健全社区托育服务体系迈出的第一步，总体而言还比较广泛，不够具体。

通过调研已开办的"宝宝屋"发现，不同街道镇的"宝宝屋"设置存在明显差异，如曹杨新村街道和桃浦镇具有七大婴幼儿游戏活动区域，而甘泉路街道和真如镇街道只划分了三个区域。针对安全保障，曹杨新村街道和长风新村街道采取了九大举措，

而桃浦镇只采取了一项措施。

表 32 普陀区各街道镇社区嵌入式托育服务点游戏环境现状

街道镇			曹杨新村	长风新村	甘泉路	真如镇	长征镇	桃浦镇	石泉路	长寿路	宜川路	万里
游戏区设置		沙水游戏区			√							
		角色装扮区	√			√				√		
		建构游戏区	√	√		√	√	√				√
		音乐律动区	√	√						√		
		美工活动区	√	√				√	√	√	√	√
		绘本阅读区	√	√	√	√						
		益智探索区	√	√	√	√						
		体能运动区	√	√	√	√						
生活环境	安全保障	墙面有软包	√	√	√	√						
		地面铺软垫	√	√	√	√						
		走廊、楼道等处有安全标志	√	√			√			√		
		配备医用急救箱	√	√		√		√				√
		电源插座有安全防护罩	√	√	√	√						√
		窗口楼梯处有禁止儿童攀爬及跌落设备	√	√	√	√			√	√	√	
		配有安全防护围栏	√	√		√						
		门窗、抽屉等处有防夹手设备	√	√		√	√				√	
		桌椅、墙角等尖角处有防撞设施	√	√	√	√				√		

课题组构建了评估指标，通过现场观察、问卷调研、家长访谈等途径，落实多部门协同评估机制，不断完善环境。定期由区托幼联席会议办公室牵头，区公安分局、区消防救援支队、区卫生健康委、区教育局、区托育服务指导中心、各街道镇联合开展社区"宝宝屋"启用前的验收检查工作和启用后的日常巡视。

（4）持续发展

将高质量托育服务的理念引入"一街镇一特色"的创建模式中，形成普陀区每个"宝宝屋"的"一屋一品"概念，从活动设计、环境创设、隔代养育等多角度营建每一个会说故事的"宝宝屋"。

图 22 真如镇街道高陵集市

063

比如，真如镇街道的社区"宝宝屋"嵌入高陵集市网红菜场二楼。之所以称为"网红菜场"，因其是一个涵盖各类知名早点、小吃、熟食、生鲜等的综合性菜场，社区居民将孩子送入"宝宝屋"后，会到菜场闲逛、选购。融合街道特色的改建模式，能提供社区居民"喘息式"的托育服务，实现"为老为小"综合服务的改建理念。

又如，万里街道的社区"宝宝屋"嵌入党群服务中心四楼的图书馆内，社区居民经常会带着孩子在此翻阅各类书籍，而低龄的孩子时常会被屋内"为爱小屋"的玩具所吸引，这便成为了将此空间分割出嵌入式托育服务的思考。

再者，本着践行多样化托育服务的宗旨，拓展公办优质资源，为有需求的特殊婴幼儿提供嵌入式托育服务的创建模式。以普陀区兰溪路幼儿园为例，作为普陀区唯一的"全融合"教育公办幼儿园，创建社区"宝宝屋"能更早介入家庭的特殊需求，为婴幼儿融入、亲近社会积淀，促进普特婴幼儿的共同发展。

图 23 万里街道社区"宝宝屋"　　　　图 24 兰溪路幼儿园融合教育

三、基于生态学理念的社区嵌入式托育服务环境创设方案的研究

（一）基于生态学理念的社区嵌入式托育生活环境创设的研究

基于既有文献研究和社区创建的本土化实情，课题组将嵌入式托育服务的生活环境划分为饮水区、盥洗区和母婴室三个功能区域。在此基础上，课题组依据安全性、适宜性和经济性三大原则，对社区"宝宝屋"的生活环境进行改造与创设，以满足婴幼儿的生理需求和发展特点，确保生活环境在保障婴幼儿安全的同时，具备良好的功能性布局和温馨的家庭化氛围。

1. 安全性：照护视线全覆盖，生活安全必保障

嵌入式托育服务旨在为 1—3 岁的婴幼儿提供全面的托育保障。对于 1—3 岁的婴幼儿，确保其安全是第一要义。在这一阶段，婴幼儿的认知能力和自理能力尚处于初步发展阶段，容易发生跌倒、磕碰等意外伤害。除了营造安全的环境，排除可能造成

损伤的危险因素外,"宝宝屋"内从业人员对婴幼儿的照护、对防止风险具有更加直接的作用。

生态学理论强调环境在个体发展中的支持作用。因此,在社区"宝宝屋"托育生活环境的创设中,除了充分考虑婴幼儿的独特需求与生理发展特点外,还应注重优化空间设计与布局,提升从业人员的照护效率。通过减少空间中的遮挡与阻碍,可以确保从业人员在照护过程中具备更高的可视性与操作便捷性,从而及时、有效地响应婴幼儿的需求。

以婴幼儿如厕为例。当婴幼儿有如厕意愿但家长不在身边陪同时,需要从业人员对其开展生活照料。因为婴幼儿在盥洗室内发生的各类情况都是无法提前预设的,比如如厕人数、不同如厕需求、发生跌倒、磕碰等现象,安全的生活保障基础应在提前预设和改造的生活环境中得到体现。

表 33 改造实例——桃浦镇嵌入式社区"宝宝屋"盥洗室门体改造

改造前,门体安装高度为成人标准,门体半开或关闭会完全遮挡从业人员的视线,导致婴幼儿在厕所内的情况无法及时察觉,存在安全隐患。此外,门体的开关也增加了婴幼儿夹手的风险。	改造后,马桶尺寸根据婴幼儿的使用需求进行调整,符合其生理特点;视野开阔,避免了视线遮挡,确保从业人员可以方便地观察并及时提供照护帮助。

改造策略:少动工,小改变。
● 拆除门体,满足从业人员安全性的照护需求;
● 增设便池之间的低矮隔断,让幼儿能有较为独立且隐私的生活空间;
● 在隔板上安装幼儿扶手,引导幼儿自主如厕,既能锻炼其如厕能力,又能保障其如厕的安全性。

2. 适宜性:综合考虑功能需求,创设儿童友好环境

在设计与改造婴幼儿社区"宝宝屋"生活环境时,必须确保所有功能需求得到充分覆盖,从而为婴幼儿提供全面、适宜的生活环境。这不仅仅是对物理空间的优化,更是对婴幼儿在认知、社交和自理等方面成长需求的积极回应。通过科学合理的环境设计,确保婴幼儿的每一项基本需求,如饮水、如厕和休息,都能得到充分满足,从而为其全面发展提供强有力的支持。

首先，盥洗室的设计需充分考虑婴幼儿的性别需求、如厕需求和隐私保护。以往，街镇的盥洗室多为与成人共用，或仅在女厕所内提供有限的儿童坐便器，未能满足婴幼儿的性别差异及个性化需求。改造后的盥洗室应设置适合男、女儿童的专用便池，增设符合婴幼儿身高的低矮马桶，以便儿童能够轻松如厕，避免成人马桶带来的使用障碍。同时，根据1—3岁婴幼儿的身高规律调整洗手台的高度（50—55厘米），确保婴幼儿能独立完成洗手等日常行为，培养其自理能力。

其次，婴幼儿饮水需求频繁且特殊，因此饮水区的设计是"宝宝屋"生活环境中不可忽视的一部分，直接影响婴幼儿的日常生活质量。在饮水区的设计中，应当重点考虑婴幼儿存取杯具的便利性，为其提供适宜其身高的橱柜，以便其有饮水需求时能够便捷自主地拿取水杯。同时，饮水区的安全性也需要特别关注。应使用防滑地面材料，减少婴幼儿活动时滑倒的风险；并设置简易清洁设施，方便照护人员及时清理，确保饮水区的卫生与安全。此外，设计时还应考虑为婴幼儿提供简易的休息场所，如小座椅或软垫，使婴幼儿在饮水后可以稍作休息，增强他们的舒适感。通过这些细节的优化，可以为婴幼儿创造一个既安全又富有吸引力的饮水环境，提升他们在托育环境中的舒适度与独立性。

最后是不可或缺的母婴室设置。母婴室的设计应更加便捷和贴心。许多社区母婴室虽然单独设置，但常因位置偏远或与托育服务区距离过远，造成家庭使用不便。因此，母婴室应尽可能与盥洗室相邻或融入同一空间，提供独立但便捷的照护环境，配备护理台、温奶器等设施，提升家庭在照护过程中的舒适度与便利性。

3. 经济性：现有空间为基础，降本增效巧改造

生态学理念强调对资源的高效利用和可持续发展的规划，社区"宝宝屋"依托嵌入式的社区场域，其场地面积、设施设备是相对固定的，大多依靠改建设施来完成"宝宝屋"环境的物理空间创建。因此生活环境的改建应尽量寻求低成本和资源高效的方案来弥补对幼儿生活空间建设的不足之处。着重利用现有资源，通过模块化、灵活可调的设计，合理配置空间与设施，从而实现经济性和生态效益的双赢。

① 盥洗室生活环境改造

针对社区"宝宝屋"中的盥洗室，市教委下发《关于加强本市社区托育服务工作的指导意见》文件明确提出，社区"宝宝屋"的场地应有相对独立的区隔空间，并符合卫生保健、公安、消防等安全标准和要求。为此本课题组就无独立盥洗室的嵌入式托育服务生活环境改建不断进行研究及优化，形成可复制的改造方案，改造的类型分

为套间设计和空间共用两类。

A. 套间设计

尽管街镇综合服务片区占地面积较大，但其规划和功能设置不仅需要满足"为小服务"的需求，也要兼顾老年人日间照料、年轻人共享健身房和社区食堂等多元化服务的需求。基于这一实际情况，一些街道由于场地空间的限制，无法实现独立幼儿盥洗室的建设。可以引入"套间设计"概念，即在同一功能区内，通过合理划分成人盥洗室空间，创造出一个独立、私密、安全且符合卫生要求的婴幼儿专用区域。这种设计不仅能够保障婴幼儿的隐私与卫生健康，也能更有效地利用有限空间，在功能区的整体布局上实现优化。此外,盥洗室的改造应充分考虑基础设施的现有条件和必要需求，特别是下水道系统和排水口的设计，应进行详细排查和规划，以确保水流畅通，避免堵塞等问题，从而保障改造后的长期使用效能。

表 34 改造实例——宜川路街道香溢片区"宝宝屋"盥洗室改造

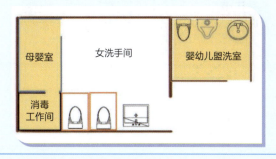

● 初期改造策略：将"宝宝屋"场地内的阳台改造为室内独立空间的婴幼儿盥洗室。
● 现实条件制约：在方案实施过程中，施工方发现尽管阳台有下水口，但整体楼栋设计的排水口并非用于污水排放，因此无法使其具备盥洗室的功能。
● 方案调整：在"宝宝屋"外不远处，将成人女厕所与走廊空间进行整合，建设一个 2 平方米的独立盥洗室专供婴幼儿使用。尽管空间较小，但通过合理的布局设计，确保了婴幼儿盥洗器具设施完备且功能齐全。

在确无改造空间的婴幼儿盥洗室，也可通过添置辅助物品，实现婴幼儿单独使用的生活需求。例如，石泉路街道"宝宝屋"的盥洗室改建项目是通过改造女厕所内靠墙的最后一间盥洗室，将其转变为婴幼儿专用的独立空间。在不破坏原有女厕所布局的前提下，通过拆除门体来确保婴幼儿如厕安全。同时，在成人坐便器上加装了适合婴幼儿使用的马桶垫和踩脚凳，并将该空间专门划定为仅供婴幼儿使用的如厕区域，确保其全天候仅供婴幼儿使用。

B. 空间共用

在社区"宝宝屋"盥洗室改造中，仍有部分街道由于场地限制，无法进行套内改建，例如成人厕所距离"宝宝屋"较远，难以满足从业人员在照护婴幼儿时的便捷需求。针对此类问题，课题组在改建方案上进行了灵活调整。在充分考虑街镇原有空间布局的基础上，调整功能分区和设施设置，确保在满足婴幼儿安全如厕的同时，也考虑到从业人员看护的便利性。这些调整不仅使改建方案更加符合实际条件，还提升了改建后的空间适宜性和长期使用的可行性。

表 35 改造实例——万里街道"宝宝屋"的盥洗室改造

●改造残疾人厕所为仅供婴幼儿使用的"宝宝屋"盥洗室；
●为坐便器增设婴幼儿专用的马桶垫，并安装适宜高度的洗手台，改造该空间以适应婴幼儿的使用需求；
●在"宝宝屋"运营期间，确保从业人员每天进行清洁和消毒，保障其卫生安全。

② 母婴室生活环境改造

早在 2016 年，相关部门就发布了《关于加快推进母婴设施建设的指导意见》，将托育服务纳入配备育婴设施的公共场所标准化建设的范围。在这一背景下，嵌入式社区托育服务的建设自然应当将母婴室的建设纳入改造方案。

除了少数"宝宝屋"已根据原有条件建设了独立的母婴室外，其他"宝宝屋"的母婴室创设应当充分考虑到街镇既有空间的局限性以及婴幼儿和家长使用的便捷性，将母婴室的建设与盥洗室有效融合。在这种设计中，母婴室的私密空间既可以覆盖整个盥洗室，也可以是其中的独立区域，从而形成一种"公共私人空间"的布局，既确保隐私性，又便于实际使用。

表 36 改造实例——"宝宝屋"母婴室创设

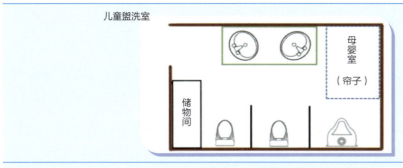

- 甘泉路街道"宝宝屋":在盥洗室一侧顶端固定半圆形的轨道并安装帘子,以形成私密的独立母婴空间。
- 长寿路街道"宝宝屋":在盥洗室的墙面上安装可折叠的婴幼儿护理台,关上门后,盥洗室便转变为一个私密性较强的母婴室。

总体来说,"宝宝屋"内必须设置母婴室,但由于既有资源的局限,空间不必太大。一个简易式或可折叠的护理台,温奶器、消毒免洗手液等小物件放置于多层隔板架,通风且光线明亮之处,皆可成为母婴室。

(二)基于生态学理念的社区嵌入式托育服务游戏环境创设活动方案的研究

在生态学理念视角下,环境对个体的生长与发展具有深远的影响,尤其是在婴幼儿的早期教育阶段。游戏作为婴幼儿最主要的学习和发展方式之一,其在托育环境中的创设至关重要。生态学理论强调个体与环境的相互作用,认为环境不仅是个体生长的"背景",还是支持个体发展的"资源"。在社区"宝宝屋"的环境创设中,游戏环境不仅影响婴幼儿的身体发展,还对认知、社会情感等方面产生重要作用。基于生态学理念,课题组根据安全性、联通性、多样化、家庭化和本地化五大原则进行设计和规划,以期能创设安全适宜、有趣有益的社区"宝宝屋"游戏环境。

1. 安全性:安全细节入微,托育游戏无忧

1—3 岁是婴幼儿快速生长的阶段,他们的认知、运动和社交能力处于初步发展阶段,因此在"宝宝屋"游戏环境的创设中,安全性原则显得尤为重要。婴幼儿在此阶段主要依赖感官探索周围世界,尤其在活动中可能发生摔倒、碰撞、吞咽异物等风险。在游戏环境设计中,确保安全性不仅能减少事故发生,还能促进婴幼儿的自主探索和发展。

首先,应当确保游戏环境的物理空间中没有可能造成婴幼儿损伤的因素。婴幼儿在游戏过程中存在各种探索行为,因此各种设施设备应注意避免锐利边角和松动部件的存在,同时确保地面无滑倒隐患。此外,所有家具和设备应使用无毒、环保且坚固

的材料。

其次，游戏环境应根据婴幼儿的生理特征和活动需求进行合理分区，确保不同游戏区域之间有足够的安全距离和清晰的标识，避免婴幼儿在不同区域之间无序穿梭，造成碰撞和摔倒。区域之间应使用低矮的隔断或开放式设计，以便从业人员能够一目了然地观察整个环境，及时干预可能的安全风险。

再者，口欲期的婴幼儿在游戏中喜欢将玩具放入嘴中进行探索。因此，所有游戏材料和玩具必须符合安全标准，避免小零件或易脱落的物品，以免婴幼儿误吞或发生窒息。此外，玩具的表面应光滑、无尖锐部件，材料应选用无毒、环保的物质，避免有害物质的接触。

表 37 长风新村街道"宝宝屋"的安全设计

●露露（1岁10个月）第一次来到"宝宝屋"就被低幼区的刺猬吸引了，跌跌撞撞的她正在用力地拔着刺猬身上的"刺"，扑通一下，用力过度的她摔倒了。但低幼区的游戏环境是安全的，地面上铺满软垫，玩具也是毛绒材质的，即便摔倒了，也不会让幼儿因环境的因素而受伤。

2. 联通性：空间结构巧布局，游戏区域精规划

"宝宝屋"的大部分空间是留给婴幼儿开展丰富的游戏活动的，但如何让空间既能适用于婴幼儿开展独自游戏，又能让婴幼儿参与集体活动？如何让空间同时满足动静交替？

课题组研讨不同空间的结构，将"宝宝屋"的房型大致分为环形一体式、两室一厅型、长庭院型、复式房型四类。

表38 社区"宝宝屋"空间结构类型

在游戏分区上,所有室内游戏区域均采用"小分区靠边,集中区居中"的布局设计。具体而言,各功能区如运动、美工、音乐、角色游戏及阅读等区域均布置于房间的边缘位置,而橱柜等存储设备等则沿墙设置。各游戏区域之间通过地垫、低矮柜等半开放式隔断进行分隔,以尽量保持中心区域的开阔性。这种设计方案的优势在于:一方面,能够充分利用墙面空间进行游戏材料的陈列和存放,增强游戏材料存取的便捷性;另一方面,留出中心区域的空旷空间,既能为婴幼儿提供更大的活动范围,促进自主探索,又能减少外部干扰,支持他们在独立游戏中持续投入和充分探索。

表39 "宝宝屋"布局设计在不同空间结构中的实践

宜川路街道"宝宝屋":平铺式设计	长征镇"宝宝屋":链接式设计
两室一厅的"宝宝屋"——左边区域的房间内设有建构区、运动区,右边区域的房间内设有娃娃家、小肌肉活动区,照片下方的活动区域由阅读区、美工区和益智区等组合。	用链接式设计将每个活动区域融合,在墙面安装益智类游戏,在橱柜的移门上添置美工区磁铁、涂鸦类的游戏,充分利用环境中每个角落,使其具备支持婴幼儿整体发展的多样化游戏活动区域。

在"小分区靠边,集中区居中"的布局设计下,集体活动时材料和橱柜不会遮挡婴幼儿的视线,也不干扰他们的游戏。这样,婴幼儿可以更容易找到中心区域的成人照护者,便于顺利进行活动。此外,从业人员能在中心位置全面观察每个区域的情况,更好地掌握婴幼儿的游戏状态。

3. 多样化:游戏区域多样化,游戏材料差异化

社区"宝宝屋"面向1—3岁的婴幼儿,年龄差异大,需求与兴趣多元,成为社区"宝宝屋"面临的挑战。基于此,创设多样化的游戏环境不仅能为婴幼儿提供丰富多样的刺激和经验,也能创造多个层次的挑战和探索机会,满足不同年龄段、不同性格特点婴幼儿的个性化需求。

多样化的游戏环境应该为婴幼儿提供丰富的感官体验。婴幼儿通过视觉、听觉、触觉、味觉和嗅觉等感官的互动,探索世界并获得学习的机会。因此,游戏环境应当包含不同的感官刺激,如色彩鲜艳的玩具、不同材质的触感材料、音乐与声音等,以满足婴幼儿多元感官的需求。

多样化的游戏环境应有助于婴幼儿在不同的发展领域中进行全方位的探索。社区"宝宝屋"通过设立运动区、角色装扮区、艺术区、阅读区、建构区等不同功能的游戏区,为不同性格特点的婴幼儿提供不同的趣味性游戏,并促进婴幼儿在认知、运动、语言、社交等多方面的发展。此外,多样化的游戏环境应当配备具有可变性和适应性的游戏材料,并能根据婴幼儿的发展需求进行调整和补充。

4. 家庭化：温馨空间化焦虑，多样环境促发展

3 岁之前，婴幼儿的主要生活场所是家庭。《上海市 0—3 岁婴幼儿教养方案》明确指出，托幼机构应为婴幼儿营造清洁、安全、温馨的家庭式环境。

在嵌入式社区托育服务中，游戏环境创设也可以像家庭一样温馨、温暖，选择家庭式软靠垫、沙发、地毯等物品，添置模拟表现生活经验的物品，如家具、娃娃、餐具、仿真食品等，还可以提供一些其他材料，如厨房玩具、简单的医疗用品玩具、镜子、用来装扮的帽子、小书包、眼镜、配饰等。当婴幼儿身处家庭化的游戏环境时，熟悉温馨的感觉能够显著减少其对新环境的焦虑感，在宽松、舒适且充满温馨的家庭氛围中，婴幼儿能够自主参与游戏，积极主动地发展身心，促进其健康成长。此外，也可将相邻空间的区域整合规划，打破原定区域明确划分的框架设计，创设可融合的环境，支持婴幼儿尽快适应社会环境，找到"家"的氛围感。

表 40 改造实例——真如镇街道高陵片区"宝宝屋"类家庭环境创设

● 创设策略：复式阁楼的游戏环境模拟家庭的生活场景，让婴幼儿回归家庭的温暖。将家庭中的沙发、软垫、帐篷放置于阁楼空间内，仿真家庭卧室的格局。
● 观察实录：多多（女，2 岁 3 个月）抱着娃娃来到阁楼的小床边，拿起床上的小被子给娃娃盖上，一边盖一边发出很轻的嘘声，模拟妈妈陪伴下的入睡情境。阁楼的中区，迷你厨房家具整齐靠墙摆放，婴幼儿模仿祖辈或父母烧饭烧菜的模样，认真地喂娃娃们吃饭。

同时，类家庭化的游戏环境应具备多样性，以满足婴幼儿在感官、运动及认知发展的不同需求。具体来说，环境中的材料和空间设计应当包含多种质感和功能区域，既包括软质的地面和墙面，也应适当融入硬质的地面和墙面。软硬结合的设计不仅能够提供舒适、安全的活动空间，还能避免因一味追求婴幼儿的绝对安全而过度软化所有表面，从而剥夺婴幼儿探索和感知不同材质质感的机会。实际上，婴幼儿在接触硬质与软质材料时，可以通过触觉体验促进感官认知的多元发展。例如，软质的地垫可以为婴幼儿提供安全的爬行和活动空间，而硬质的墙面则能为婴幼儿提供更加坚固、稳固的支撑，帮助其建立空间感和身体协调性。通过多样化的环境设计，婴幼儿能够

在探索过程中逐渐认识和适应不同的触觉体验，进而发展更加全面的感知能力。丰富的感官体验有助于激发婴幼儿对外界的兴趣，增强他们的探索动机和学习能力。因此，在创设类家庭化的游戏环境时，应该在保证安全的基础上，提供多种不同质感的材料和空间布局，以支持婴幼儿全面而健康地成长。

5. 本地化：彰显街镇本土风格与特色

普陀区社区"宝宝屋"大多建设在街镇的场地中，因此游戏环境的创设需要尊重街道的整体风格打造，衔接原有服务功能，使游戏环境彰显特色与需求的融合。

表 41 彰显街镇本地特色的"宝宝屋"游戏环境创设

● 万里街道"宝宝屋"的场地建设在与成人共用的图书馆内。通过规划，将图书馆靠近门的区域单独分割为"宝宝屋"的使用场地，打造"家·屋·书"融合的特色游戏环境。婴幼儿模仿祖辈或父母烧饭烧菜的模样，认真地喂娃娃们吃饭。

● 桃浦镇"宝宝屋"为感统区域的专用活动室，以不破坏原有环境，融合其他区域的游戏设计改造为脚本，沿着屋内的边缘，分别添置了娃娃家、阅读区、建构区等，能够满足孩子不同游戏的需求。

（三）基于材料的社区嵌入式托育服务游戏活动方案设计

随着社区嵌入式托育服务模式的深入探索和发掘，如何为 1—3 岁婴幼儿设计适宜的游戏活动方案，成为托育环境创设中的一个重要课题。游戏作为婴幼儿发展过程中不可或缺的一部分，不仅能够帮助他们在认知、运动、情感和社交等多方面获得发展，也为"宝宝屋"从业人员提供了引导和支持儿童全面发展的机会。基于对理论的梳理和实践的开展，课题组从材料的角度，根据安全性、适宜性、多样性、层次性和指导性五大原则探讨如何制定社区"宝宝屋"的游戏活动方案，以促进婴幼儿的健康成长和全面发展。

1. 安全性：聚焦婴幼特性，筑牢材料安全

1—3 岁婴幼儿处于感知运动发展的关键阶段，其认知世界的主要途径是通过感官与环境进行交互。

然而，受限于神经肌肉系统的发育尚不完善，这一阶段的婴幼儿在运动控制方面表现出较大的局限性，他们的平衡能力、肌肉协调性以及动作的精准度都有待提高，使得他们在自主活动过程中，尤其是在参与游戏时，极易因动作失稳而发生摔倒事件。同时，婴幼儿的认知成熟度不足，他们往往缺乏对周围潜在危险的预判能力，难以理解某些行为可能带来的严重后果，增加了他们在游戏中与周围物体发生碰撞的概率。此外，由于婴幼儿具有强烈的好奇心，且正处于口腔探索期，习惯将各种物品放入口中，使得他们面临较高的吞咽异物风险。

鉴于 1—3 岁婴幼儿在生理和心理发展方面的上述特征，在游戏活动方案设计中必须将游戏材料的安全性置于首要位置。安全的游戏材料不仅能够有效降低婴幼儿在游戏过程中受到意外伤害的可能性，还能为他们创造一个稳定、可预测的游戏环境，促进其在安全的前提下，充分发挥感官和运动能力，实现认知和身体机能的健康发展。

从游戏材料角度出发，确保安全性需针对不同类型的材料采取相应措施。

大型游戏设施，如滑梯、秋千、攀爬架等，必须具备稳固的结构设计，安装要牢固，以防在使用过程中发生倾倒。表面应光滑，无尖锐边角、无裂缝，避免刮伤婴幼儿。从业人员应定期对大型游戏设施进行全面检查，包括结构的稳固性、部件的连接情况、表面磨损程度等，发现问题及时维修或更换。

小型游戏材料，如积木、拼图、玩具人偶等，尺寸应适中，防止婴幼儿误食。材质应无毒、无味、无污染，且具有一定的强度，不易破碎产生小零件。在每次使用前后，从业人员都应仔细检查是否有损坏或缺失部件，及时清理和消毒。

毛绒类游戏材料要保证材质柔软、不掉毛，定期清洗和晾晒，防止滋生细菌和螨虫。塑料类材料要确保材质安全，不含有害化学物质，在高温环境下不会释放有毒气体。木制材料需经过防虫、防腐处理，表面涂层应环保无毒。

2. 适宜性：契合婴幼成长，精选适宜材料

在社区"宝宝屋"的游戏活动方案设计中，为 1—3 岁婴幼儿选择适宜的游戏材料

至关重要。适宜性原则要求所选材料与这一年龄段婴幼儿的身心发展特点相匹配，能引起婴幼儿的兴趣和关注，为他们提供丰富的探索和发展机会。

首先，1—3岁是婴幼儿大肌肉动作和精细动作快速发展的时期。大肌肉动作方面，从最初摇摇晃晃学步，逐步发展到能够较为稳当地行走、跑跳以及尝试攀爬等活动。精细动作方面，从简单的抓握动作，逐渐进化到可以用拇指和食指精准捏取小物品，进而尝试握笔涂鸦、使用勺子吃饭等复杂动作。因此，应提供符合婴幼儿身体能力的器材，例如小型滑梯和矮攀爬架，其高度和坡度需严格适配婴幼儿的身体条件，保障安全。轻便的推拉玩具车也是不错的选择，有助于锻炼他们的腿部力量，提升行走的稳定性。精细动作材料方面，可以准备积木、拼图、串珠等玩具。积木可有效锻炼婴幼儿的抓握与堆叠能力，拼图能提高手部灵活性以及空间认知能力，串珠则有益于他们捏取和穿线动作的发展。需注意材料尺寸要适合婴幼儿小手抓握，防止因过小而产生吞咽风险。

其次，在认知发展方面，1—3岁婴幼儿以直观形象思维为主，主要通过感知和动作来探索世界。他们对周围事物充满好奇，开始理解简单的因果关系，如明白推玩具车会使其移动，但注意力难以长时间集中，认知范围相对有限。因此，可以挑选色彩鲜艳、质地多样的游戏材料，如彩色响铃球、触摸书等，全方位刺激婴幼儿的视觉、听觉、触觉等感官，满足他们强烈的探索欲望。形状分类玩具能帮助他们认识不同形状，深入理解物体的特性。

再者，在语言发展方面，1岁左右的婴幼儿开始牙牙学语，逐渐能够说出简单的单词、短语，到3岁时已能表达简单的需求和想法，并理解一些简单指令和日常用语，但语言表达能力仍有待完善。因此，在图画书选配上，可以选择画面生动、文字简洁易懂且重复性高的绘本，通过阅读绘本，丰富婴幼儿的词汇量，培养他们的语言理解和表达能力。

最后，在情感和社会性发展方面，这一阶段的婴幼儿自我意识逐渐显现，对情感的需求增多。在游戏过程中，从独自游戏慢慢向平行游戏过渡，开始对其他小朋友产生兴趣，但合作意识较为薄弱。因此，在娃娃家，可以提供如小厨房用具、娃娃、衣服等，婴幼儿可借此模仿成人角色进行游戏，体验不同情感，增强自我意识，同时促进与同伴的互动交流，培养合作能力。

表 42 适宜性的游戏材料引发游戏兴趣

●观察实例:25 个月的希希来到娃娃家,被色彩鲜亮的杯子吸引,他用勺子搅拌,并将水果放入杯子中。希希抱着阅读区的大象回到娃娃家,小朋友们都被吸引加入游戏,模仿给大象喂食、喂水动作。尽管娃娃家玩具丰富,但孩子们大多选择仿真玩具,对杯子兴趣浓厚。
●适宜的游戏材料能唤起孩子生活经验,激发其主动参与游戏。通过模仿大人行为,孩子们学习社交技能,促进自身发展。

3. 多样性:多样玩具促发展,多元玩法启智慧

根据加德纳的多元智能理论,个体存在语言智能、逻辑数学智能、空间智能、身体运动智能、音乐智能、人际智能、内省智能和自然观察智能等多种智能类型,且不同个体在各智能领域的发展潜力与速度有所差异。对于 1—3 岁这一处于快速发展阶段的婴幼儿群体而言,游戏材料作为其探索世界、学习与成长的重要媒介,需遵循多样性原则,以满足其多元发展需求。

多样性原则的核心在于游戏材料的类型应广泛覆盖多个发展领域,同时为每种材料提供丰富多样的玩法选择,旨在契合不同婴幼儿的兴趣偏好与发展进程。

表 43 EVA 砖块积木的多样性玩法

●观察实例:35 个月大的男孩跳跳正在建构区玩 EVA 砖块积木。他先把积木横着排列,感受砖块的柔软质地,接着用力拼接,努力将它们对齐。在教师的引导下,他继续添加积木,逐渐将其堆叠起来,最终建成了一座小"房子"。接着,跳跳将积木一端连接到"房子",另一端搭建成了一座小"桥"。他兴奋地跳上"桥",开始跨越和行走,享受着每一步的探索与快乐,整个过程充满了兴奋和成就感。
● EVA 砖块积木作为低结构材料,具备高度的可玩性和多样性,能够促进婴幼儿在多个领域的发展。通过搭建、垒高、平铺等方式,婴幼儿不仅积累了建构经验,还能在解决问题的过程中促进认知、分类和归纳能力。积木的互动性使得宝宝可以进行跳跃、行走等大肌肉活动,有效促进运动技能的发展。此外,EVA 砖块积木也能用于角色游戏。通过多样化的玩法,EVA 砖块积木能支持婴幼儿在认知、运动和情感等多个领域的全面发展。

基于多样性原则，课题组编制了"普陀区社区'宝宝屋'区域游戏材料一览表"，在婴幼儿发展关键维度的基础上，对游戏材料进行了系统化的分类与精准筛选。该表详细列出了运动类、建构类、探究类、装扮类、艺术类和阅读类游戏材料的推荐，并明确阐述了每类材料选择的价值取向及其对婴幼儿动作、语言、认知、情感和社会发展领域的支持作用。

表44 普陀区社区"宝宝屋"区域游戏材料一览表示例（运动类）

序号	材料名称	材料图片	价值取向	发展领域				
				动作	语言	认知	情感	社会
1	推杆		行走动作	√	√		√	
2	8.5英寸按摩球		上肢力量；颜色认知；手眼协调；触摸觉	√	√	√	√	√
3	软皮球		平衡协调能力；手眼协调；腿部力量	√	√	√	√	√

  4. 层次性：依龄巧构难度层，适切挑战育个性

  社区"宝宝屋"面向1—3岁婴幼儿，层次性原则在混龄环境下的托育游戏活动设计中显得尤为重要。

  不同年龄段婴幼儿在认知、运动等能力发展上存在显著差异。因此，层次性原则强调根据婴幼儿的不同发展阶段与能力，科学合理地设置游戏活动的难度层次，满足不同年龄段和不同婴幼儿的个性化需求。

表45 串珠游戏的层次性设计

●观察实例：18个月的黄黄坐在柔软的地毯上，身旁摆满了五颜六色、形状各异的蔬菜串珠，还有粗细不同的木质棒。他拿起粗木棒，对准红色条纹的肉肉串珠小孔，一次次尝试却失败。但他并未放弃，用食指捅孔，再用拇指和食指配合，终于成功穿上。随后，他挑选黄色、橘色、紫色串珠，依次穿成"蔬菜串"。不远处，30个月的花花专注于紫色串珠与扭扭棒。她先捏住串珠，抓着扭扭棒一端，尝试三次穿珠均失败。她思考后改变策略，捏住扭扭棒另一端，成功穿过一次。她想让扭扭棒两端都穿过串珠，却因之前一端未完全拉出而受阻，串珠掉落，可她仍在努力尝试。
●本案例充分体现游戏活动方案层次性的重要性。针对不同月龄阶段婴幼儿，提供的串珠材料与游戏难度呈递进层次。对于18—24个月的黄黄，较大易抓握的串珠和木棒适配其较弱的手部精细动作发展水平。而对于24—36个月的花花，更复杂的带纹理串珠与扭扭棒能满足其更强的探索欲。这种层次性设计，让婴幼儿在适合自己的难度中锻炼动手能力，培养解决问题与坚持的品质，助力其各阶段认知与技能的逐步提升，促进全面发展。

　　此外，层次性还意味着为婴幼儿创造有挑战性的游戏活动方案。根据维果斯基的最近发展区理论，婴幼儿的学习不仅依赖于他们当前的独立能力水平，还在于他们能够通过适当的支持和引导，达到超出当前能力水平的更高发展水平。在面对挑战并解决问题的过程中，婴幼儿不仅能够探索新的解决方法，促进认知发展，还能在不断的实践中提高运动技能。此外，克服困难并完成具有挑战性的任务，能显著增强婴幼儿的自信心，对其心理发展和自我认知的形成起到了积极作用。

　　5. 指导性：方案精编启教师，示范互动助家长

　　在社区"宝宝屋"的游戏活动方案设计中，处处体现出"指导性"原则的重要作用。通过有效的指导，不仅能够确保游戏材料的合理使用，还能促进婴幼儿各项能力的全面发展。具体而言，指导性既包含了本研究对从业人员的指导，也包括在"宝宝屋"现场从业人员给予家长的指导。

　　首先，课题组通过深入分析不同游戏材料的特性，精心编制了《普陀区社区"宝宝屋"区域游戏活动方案设计》，对运动类、建构类、探究类、装扮类、艺术类、阅读类游戏材料中的经典玩具相关的游戏活动方案设计提出了具体的指导意见。

图 25 游戏活动方案示例

其次是从业人员对家长的指导性。通过现场示范和互动,从业人员能够帮助家长了解如何在家庭环境中创造与孩子共同游戏的机会。通过示范如何与婴幼儿进行有效的语言互动、情感回应,家长也可以更加科学地支持孩子的情感与社交发展。

四、基于生态学理念的社区嵌入式托育服务环境设置标准的研究

(一)研制目的及意义

随着婴幼儿照护服务需求的不断增长,普陀区致力于发展社区嵌入式托育服务,以满足家庭对婴幼儿优质照护和早期教育的需求。在此背景下,研制《普陀区社区嵌入式托育服务环境评价指标》(以下简称《评价指标》)成为提升托育服务质量、规范服务环境建设的关键举措。

本《评价指标》的首要目的在于为普陀区社区嵌入式托育服务环境的建设工作提供明确规范。当前,托育服务市场在环境建设方面缺乏统一且细致的标准,导致各服务点水平参差不齐。通过制定该《评价指标》,能够明确空间布局、设施配备、卫生安全等方面的具体要求,使托育服务机构在环境建设过程中有章可循,进而推动普陀区托育服务环境的标准化发展。

《评价指标》对提升托育服务环境创建的科学性具有重要意义。它采用量化与质性相结合的评价方式,从多个维度精准剖析托育服务环境各方面的状况。在空间环境方面,通过对采光通风、空气质量、空间布局等指标的量化测量与质性评估,能够准确发现环境中存在的问题,如采光不足、布局不合理等,为改进提供科学依据。在游戏环境

和保育照护方面，同样能够依据相关指标，深入分析游戏材料的适宜性、保育人员的照护质量等，从而为优化托育服务环境提供精准的科学支撑。

增强规范性是《评价指标》的另一重要作用。它明确了各指标的达标标准，无论是硬件设施的配备，还是软件环境的营造，都有清晰的衡量尺度。这不仅有助于托育服务机构自我评估与改进，也便于监管部门进行监督管理，确保托育服务环境符合婴幼儿身心发展需求。

《评价指标》以提高实用性为核心追求，切实满足婴幼儿身心发展需求。在空间环境上，打造舒适的活动区域，如：设置柔软舒适的休息区、安全宽敞的游戏区，为婴幼儿提供适宜的活动空间；配备安全稳固的生活设施，如符合婴幼儿身高的洗手槽、坐便器等，保障婴幼儿的生活安全与便利。在游戏环境中，提供丰富多样的游戏材料和图书，激发婴幼儿的探索欲望和学习兴趣。在保育照护方面，通过严格的安全保障和卫生保健措施，为婴幼儿营造安全、健康的成长环境，助力婴幼儿在安全、温馨、富有启发性的环境中实现身心全面和谐发展，为普陀区托育服务事业的稳健前行奠定坚实基础。

此外，《评价指标》的研制成果还将为后续各街道镇继续开展社区嵌入式托育服务点建设提供极具价值的参考。其总结提炼的建设经验和评价标准，能够帮助新设立的托育服务点少走弯路，快速创建符合标准的优质服务环境，推动普陀区社区嵌入式托育服务的整体发展。

（二）研制依据与理念

《评价指标》的研制严格遵循一系列权威且具有针对性的文件，表 46 中列出了主要参考文件。

表 46《评价指标》主要参考文献

文件名称	来源	发布时间
ITERS 3	Thelma Harms,Debby Cryer, Richard M. Clifford, Noreen Yazejian	2017 年
All about ITERS-3	Debby Cryer, Cathy Riley, Tracy Link, Vanessa McCullough	2022 年
ITERS-R	Thelma Harms, Debby Cryer, and Richard M. Clifford	2007 年
托育机构质量评估标准	中华人民共和国国家卫生健康委员会	2024 年 4 月 1 日实施
上海市幼儿园装备指南（试行）	上海市教育委员会教育技术装备中心编	2020 年
上海市幼儿园办园质量评价指南（试行稿）	上海市教育委员会教学研究室	2020 年 4 月

（续表）

文件名称	来源	发布时间
上海市社区托育"宝宝屋"安防建设工作指南	上海市教育委员会 上海市公安局	2023 年 9 月
3—6 岁儿童学习与发展指南	中华人民共和国教育部	2012 年 9 月
上海市 0—3 岁儿童发展指南（试行稿）	上海市教育委员会	2024 年 1 月
托儿所、幼儿园建筑设计规范	中华人民共和国住房和城乡建设部	2019 年 10 月 1 日实施

目前我国 3—6 岁幼儿园相关评价指标发展充分，但 0—3 岁婴幼儿托育领域对于环境的相关评价指标较少。因此本《评价指标》制定过程中，除 0—3 岁相关文件外，同时参考部分 3—6 岁幼儿园相关指标，辅助指标具体内容的研制。此外，在坚持中国特色、上海风格的同时，也积极汲取国外优秀经验，参考 ITERS-3 等环境评价量表。

在《普陀区社区嵌入式托育服务环境评价指标》的研制过程中，普陀早教"生态全融合"理念贯穿始终，以整体性、开放性、多样性、动态性和可持续发展为主要特征的生态学理念的思维和研究方法，开展本《评价指标》的研制。

首先是整体性特征。上海市政府印发的《关于进一步促进本市托育服务发展的指导意见》文件明确指出：进一步落实乡镇政府和街道办事处主体责任，加快建设标准化、嵌入式的社区托育"宝宝屋"。社区"宝宝屋"可以依托党群服务中心（社区综合服务设施）、有条件的老年服务设施等进行综合建设，消防、卫生、安全等设施需符合相关要求。《上海市学前与托育服务条例》也要求"乡镇人民政府、街道办事处可以自行运行管理社区托育点，也可以通过购买服务、委托运营等方式委托具备相应资质、条件的学前教育机构或托育机构运营管理"。因此，从环境的广义概念出发，对本《评价指标》进行了框架结构的规划。

本《评价指标》不仅关注到以乡镇政府、街道办事处以及具备相应资质、条件的学前教育机构或托育机构为主体开展的硬件环境建设，即社区嵌入式托育服务的物理环境，也关注到具备相应资质、条件的学前教育机构或托育机构运营社区嵌入式托育服务的软件环境，即社区嵌入式托育服务的人文环境。

《评价指标》的内容既有对空间设施、安全卫生的质性评价，也有对环境材料、保育照护的量化评价，甚至还关注到各教育主体间关系的动态监测。

其次是开放性、多样性的特征。开放性和多样性在大量的指标中均有体现，此处以游戏环境创设和游戏材料提供两个指标为例，具体内容可见下表。无论是游戏材料的摆放和收纳的开放，还是游戏材料种类数量的多样，均旨在通过开放多样的环境来促进婴幼儿更好地发展。

表 47 开放性理念在"游戏环境创设"及"游戏材料提供"评价指标中的体现

三级指标	不足（1）	合格（3）	优良（5）
2.1.2 游戏环境创设	A1 婴幼儿游戏时缺乏柔软的设施。	A3 提供舒适的游戏环境，婴幼儿可在地毯或软垫等较软的设施上游戏和活动。	A5 营造温馨舒适的类家庭化游戏环境，呈现真实、熟悉、多样化的特点，以帮助婴幼儿尽快适应。
	B1 婴幼儿的游戏环境单一，以桌面游戏为主，桌椅占据了过多的空间。	B3 婴幼儿的游戏以地面游戏为主，有适量的桌椅以供婴幼儿的桌面游戏使用。	B5 为婴幼儿创设多样化的游戏环境，融合地面、桌面和墙面，以便婴幼儿自主选择适宜的环境。
	C1 玩具柜上的游戏材料摆放杂乱，收纳没有分类和标准。	C3 玩具柜上的游戏材料摆放整齐，收纳采用无盖、透明、可移动的收纳盒，便于婴幼儿的取用和存放。	C5 玩具柜的设置体现儿童友好的特点，通过张贴符合1—3岁婴幼儿认知的分类标识以引导婴幼儿物归原处。
2.2.1 游戏材料提供	A1 符合婴幼儿动作与习惯、情感与社会、认知与探索、语言与沟通四个方面发展特点的玩具配备种类少于五类。	A3 符合婴幼儿动作与习惯、情感与社会、认知与探索、语言与沟通四个方面发展特点的玩具配备种类不少于五类。	
	B1 游戏材料品种和玩法、难度单一。	B3 游戏材料品种和玩法、难度最少各有两种。	B5 游戏材料品种和玩法、难度多于两种，能够满足不同发展阶段的婴幼儿需求。
	C1 游戏材料数量不能满足两个婴幼儿同时使用。	C3 游戏材料数量最少要能够满足两个婴幼儿同时使用。	C5 游戏材料有较多选择空间。
	D1 真实的生活物品和低结构材料配备不充足。	D3 真实的生活物品和低结构材料配备充足。	

第三是动态性的特征。主要在"游戏环境"的"环境设置""材料提供"指标内容中体现动态性特征，关注保育人员通过环境以及环境中的材料对婴幼儿游戏的动态支持行为。

表 48 动态性理念在部分"游戏环境"评价指标中的体现

二级指标	三级指标	指标内容
环境设置	游戏环境创设	玩具架上贴有与玩具对应的图片，引导婴幼儿物归原处，在环境中渗透简单的规则。

（续表）

二级指标	三级指标	指标内容
材料提供	游戏材料提供	提供不同难度的游戏材料（至少有两种不同难度），以满足不同年龄段婴幼儿的发展需要。
		根据婴幼儿的能力提供适宜的美术材料。
	材料安全管理	根据需要定期、有序更换/增添游戏材料。

（三）研制过程

在对《评价指标》进行研制时，团队综合考量多方面因素，通过系统且严谨的流程推进工作，以确保评价指标科学、实用，符合普陀区托育服务实际需求。下面从需求分析、资料收集、指标框架搭建、内容细化、征求意见与修改完善等方面展开阐述。

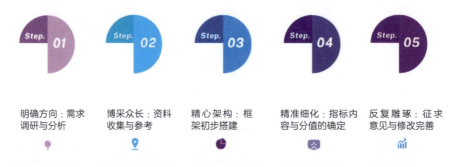

图 26 研制过程流程图

1. 明确方向：需求调研与分析

为精准把握普陀区社区嵌入式托育服务环境评价的实际需求，团队开展了深入调研。一方面，对区内十个街道镇社区"宝宝屋"的环境建设现状进行实地考察，详细记录空间布局、设施设备配备、游戏环境创设及保育照护实施等情况。同时，与托育服务机构的管理人员、保育人员以及婴幼儿家长进行广泛交流，了解他们对托育服务环境的期望与诉求。

另一方面，深入研究国家和地方政府发布的相关政策文件，如《关于进一步促进本市托育服务发展的指导意见》《上海市学前与托育服务条例》等，明确政策导向与规范要求，确定评价指标需围绕提升托育服务质量、保障婴幼儿安全健康、促进全面发展等核心目标进行研制。

2. 博采众长：资料收集与参考

依据需求分析结果，团队广泛收集各类资料。除前文提及的国内外托育及教育领域的权威文件，还积极关注行业内的最新研究成果与实践经验。通过学术数据库检索相关文献，购买国内外相关专著并研读，与专家交流等方式，获取先进的环境评价理念与方法。

团队对国外优秀的具有高度可操作性的环境评价量表，如ITERS-3及其相关资料进行深入剖析，提取适用于普陀区社区嵌入式托育服务环境评价的元素，为后续工作奠定坚实基础。

3. 精心架构：框架初步搭建

在资料收集的基础上，团队依据生态学理念构建评价指标框架。从环境的广义概念出发，将普陀早教"生态全融合"理念融入其中。考虑到整体性，将社区嵌入式托育服务环境划分为"空间环境""游戏环境"和"保育照护"三个一级指标，分别对应"硬件设施""教育活动支持"以及"婴幼儿照护保障"等方面。每个一级指标下进一步细分二级和三级指标，确保涵盖托育服务环境的各个关键要素。例如，"空间环境"下设"室内空间"和"设施设备"两个二级指标，"室内空间"又细分为"空间布局""采光通风"等三级指标，以全面、系统地反映托育服务环境的质量。

4. 精准细化：指标内容与分值的确定

针对每个指标，团队结合实际调研情况与大量的国内外参考资料，对其内容进行详细设定，力图做到每一个指标、每一个数据背后都有相关文献的支撑。

在构建普陀区社区"宝宝屋"托育服务环境评价指标量表时，对1分、3分、5分这三个分值的设定，经过了全面且深入的思考，以确保评分体系科学合理、切实可行，能精准衡量"宝宝屋"的环境质量。

（1）1分——安全与功能的底线考量

1分的设定聚焦于环境对婴幼儿安全健康的严重威胁，以及基本功能的极度缺失。从安全角度出发，若室内存在明显隐蔽角落和盲区，严重妨碍照护者对婴幼儿的监管视线，意味着婴幼儿随时可能处于无人照看的危险境地；设施设备存在尖锐部件、安全防护设施缺乏等情况，直接对婴幼儿的身体造成伤害风险。在基本功能方面，关键设施设备的严重短缺，如缺少必要的日常照料设施、温湿度调节设备，或是游戏材料、图书等极度匮乏，使得"宝宝屋"无法满足婴幼儿最基本的生活与活动需求。

以上情况的"宝宝屋"环境质量处于危险且无法正常运行的状态，急须立刻整改，因此设定为1分。

（2）3分——行业标准的基本达标

3分代表着"宝宝屋"环境达到了托育行业的基本要求，是能够正常运营的基本状态。空间环境方面，采光通风良好、空气质量达标、地面平整、设施完好且环境整洁，活动区域和设施配备能满足婴幼儿日常活动的基本需求。设施设备充足且功能齐全，适合婴幼儿身高的生活照料设施数量足够，桌椅橱柜安全且大部分高度适宜，温湿度调节和测量设备能正常运行。游戏环境中，有足够的游戏空间，区域划分基本合理，游戏材料、图书的种类、数量和摆放符合基本标准，且有相应的维护管理措施。保育照护方面，消毒药械足量且按标准流程消毒并记录，能按规范为婴幼儿进行健康检查，保安员和安全设施设备齐全。

这个分值确保了"宝宝屋"能为婴幼儿提供相对安全、舒适的托育环境。

（3）5分——优质便捷的发展追求

5分的设定旨在鼓励"宝宝屋"打造优质且便捷的环境，全方位促进婴幼儿的发展。便捷性是重要考量因素，空间环境的布局充分考虑婴幼儿和照护人员的使用便捷，如适宜的桌椅橱柜高度、宽敞的通道、位于室内的盥洗区以及可轻松调节的照明通风设备，极大方便了婴幼儿的活动和照护人员的工作。游戏环境创设温馨舒适、多样化，玩具柜设置儿童友好，游戏材料丰富且能满足不同发展阶段婴幼儿需求，图书分散投放方便取阅，玩教具定期轮换。这些不仅方便婴幼儿自主探索和游戏，还培养了他们的良好习惯。在保育照护上，通过张贴安全提示画培养婴幼儿安全意识，各类设施设备操作便捷，减轻照护人员工作负担的同时，为婴幼儿营造更优质的成长环境，促进其在身体、认知、情感等多方面的全面发展。

一级指标	二级指标	三级指标	不足（1）	合格（3）	优良（5）
1. 空间环境	1.1 室内空间	1.1.1 空间布局	A1 房间结构中存在一些明显的隐蔽角落和盲区，在其中的婴幼儿很难被照护者看到。	A3 房间的结构可能会阻挡照护者的视线，但有两名照护者同时在场时，这种情况可以避免。（如：在L形的房间中，处在房间一边的照护者无法看到另一边的情况，可由另一位照护者照看。）	A5 房间结构方正，照护者可以方便地看到所有婴幼儿。
			B1 房间布局设计欠佳。（如通行的地方有很多拐角；婴幼儿的活动空间被较多的桌椅橱柜所占）。	B3 房间布局设计合理，桌椅橱柜等设施设备的摆放使婴幼儿有开阔的活动空间，且有一条不穿越游戏区域的通道。	B5 房间布局设计体现出儿童友好的特点，以方便婴幼儿轻松自如地活动。

图 27 空间布局指标示例

以"空间布局"指标为例：1分对应房间结构存在明显隐蔽角落和盲区，婴幼儿难以被照护者看到；3分表示房间结构虽有视线阻挡情况，但可通过增加照护人员来避免；5分则要求房间结构方正，照护者能方便看到所有婴幼儿。

5. 反复雕琢：征求意见与修改完善

初步完成《评价指标》的研制后，团队向托育服务领域的专家、一线保育人员等征求意见，对指标的科学性、合理性和实用性进行评估；开展一线保育人员座谈会，了解他们在实际工作中对《评价指标》的看法与建议。根据各方反馈意见，团队对《评价指标》进行全面修改完善，调整部分指标的内容、顺序与分类，使其逻辑更加清晰、重点更加突出。

此处以图书投放指标的修改为例。

表49 图书投放指标修改前

9.图书投放		
12.1.1 可供婴幼儿取用的图书少于10本。	12.3.1 有10本及以上的适合婴幼儿的图书可供婴幼儿取用（每名婴幼儿至少有1本图书）。	12.5.1 有20本及以上的适合婴幼儿的图书可供婴幼儿取用（每名婴幼儿至少有2本图书）。
12.1.2 供婴幼儿取用的图书有严重的不适合婴幼儿阅读的情况。	12.3.2 图书适合婴幼儿阅读（例如：每本一般不超过10页），图书的种类不少于4种。	12.5.2 图书的内容和形式丰富多样，以满足婴幼儿的不同兴趣和需要。
12.1.4 大多数图书的摆放杂乱，不方便婴幼儿取阅。	12.3.4 大多数图书摆放整齐，便于婴幼儿取阅。	12.5.4 设立温馨舒适的图书角。

表50 图书投放指标修改后

三级指标	不足（1）	合格（3）	优良（5）
2.2.2 图书投放	A1 可供每名婴幼儿取用的图书少于4本。	A3 每名婴幼儿可取用4—6本图书。	A5 可供每名婴幼儿取用的图书多于6本。
	B1 投放的图书不适合婴幼儿阅读，且种类少于4种。	B3 图书适合婴幼儿阅读（以图为主，而不是以文字为主），图书的种类不少于4种。	B5 图书的内容和形式丰富多样，以满足婴幼儿的不同兴趣和需要。
	C1 大多数图书的摆放杂乱且有破损现象。	C3 大多数图书摆放整齐且完好无损。	C5 分散投放部分图书，满足婴幼儿在区域活动中能自由地取阅图书。

图书投放指标在数量标准、质量要求和摆放管理方面的修改前后均有变动，这些变动旨在更精准合理地衡量图书投放对婴幼儿发展的支持作用，增强指标的实操性和指导性。

（1）数量标准变动

变动内容：

修改前以"可供婴幼儿取用的图书本数"为衡量标准，如 10 本及以上为合格（3 分），20 本及以上为优良（5 分）。修改后以"可供每个婴幼儿取用的图书本数"作为评判依据，4—6 本为合格（3 分），多于 6 本为优良（5 分）。

变动原因：

修改前未考虑"宝宝屋"容纳婴幼儿数量的差异，无法准确反映每个婴幼儿实际可获取的图书资源。修改后采用生均图书数量，能更精准地衡量图书投放对婴幼儿的满足程度，确保每个婴幼儿都有适宜数量的图书阅读。

（2）质量要求变动

变动内容：

修改前对图书适合婴幼儿阅读的描述较为笼统，修改后明确图书以图为主，且对图书内容和种类提出更具体要求，如种类不少于 4 种，内容和形式要丰富多样。

变动原因：

修改前对图书质量要求不够明确具体，不利于评估人员判断。修改后明确的质量标准，能更好地保障投放的图书符合婴幼儿认知水平和兴趣需求，促进其语言和认知发展。

（3）摆放管理变动

变动内容：

修改前仅提及图书摆放整齐与否，是否设立图书角，修改后增加对图书破损情况的关注，且提出部分图书分散投放以满足婴幼儿在区域活动中自由取阅的要求。

变动原因：

修改前对图书摆放管理的评估不够全面，修改后考虑到图书的完好状态影响婴幼儿阅读体验，分散投放更符合婴幼儿区域活动时的阅读习惯，能为其提供更便捷的阅读环境。

（四）《评价指标》具体内容

1. 组成结构

作为普陀区社区嵌入式托育服务环境评价的指标体系，本《评价指标》包括社区嵌入式托育服务环境评价领域、子领域和表现性的指标项目及指标内容。领域可视为社区嵌入式托育服务环境评价的一级指标，子领域可视为环境评价的二级指标，表现性的指标内容是对社区嵌入式托育服务环境进行判断评价时，可具体参考的评价要求。

《评价指标》采用"环境"的广义界定，参考《托育机构质量评估标准》（WS/T 821-2023）中评估工具指标内容分级方式的基础，并基于"宝宝屋"临时托的服务类型及其社区嵌入式的建设方式，将"宝宝屋"的环境划分为"空间环境""游戏环境"和"保育照护"三个一级指标，一级指标下设 6 项二级指标和 17 项三级指标，三级指标下包含多个细分项目（共计 44 个项目），以全面涵盖评估内容，具体指标见下表。

表 51 普陀区社区嵌入式托育服务环境评价指标表

一级指标	二级指标	三级指标
1. 空间环境	1.1 室内空间	1.1.1 空间布局
		1.1.2 采光通风
		1.1.3 空气质量
		1.1.4 室内卫生
		1.1.5 活动区域
	1.2 设施设备	1.2.1 日常照料设施设备
		1.2.2 桌椅橱柜
		1.2.3 温湿度调节和测量设备
2. 游戏环境	2.1 环境设置	2.1.1 游戏区域设置
		2.1.2 游戏环境创设
	2.2 材料提供	2.2.1 游戏材料提供
		2.2.2 图书投放
		2.2.3 材料安全与管理
3. 保育照护	3.1 安全保障	3.1.1 防护设施
		3.1.2 安全防控
	3.2 卫生保健	3.2.1 卫生消毒
		3.2.2 健康管理

为更好辅助《评价指标》的使用与实施，特编写《评价指标》使用说明手册（以下简称《手册》）。《手册》分为三部分：第一部分为《评价指标》简介；第二部分为《评价指标》使用方法，含《评价指标》实施方法、评分系统以及评估流程指引三小节；第三部分是对《评价指标》中的三级指标进行逐条解释与说明，具体如图 28 所示。

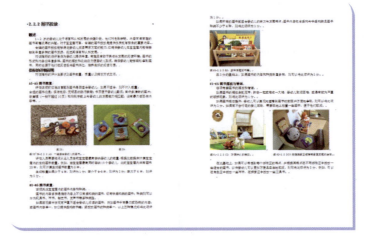

图 28 托育服务环境评价指标表说明手册第三部分示例图

表 52《评价指标》中"图书投放"示例

三级指标	不足（1）	合格（3）	优良（5）
2.2.2 图书投放	A1 可供每名婴幼儿取用的图书少于 4 本。	A3 每名婴幼儿可取用 4—6 本图书。	A5 可供每名婴幼儿取用的图书多于 6 本。
	B1 投放的图书不适合婴幼儿阅读，且种类少于 4 种。	B3 图书适合婴幼儿阅读（以图为主，而不是以文字为主），图书的种类不少于 4 种。	B5 图书的内容和形式丰富多样，以满足婴幼儿的不同兴趣和需要。
	C1 大多数图书的摆放杂乱且有破损现象。	C3 大多数图书摆放整齐且完好无损。	C5 分散投放部分图书，满足婴幼儿在区域活动中能自由地取阅图书。

此处以图书投放为例，对该三级指标进行了相关概述，主要用于解释该指标测量了什么，为什么要进行测量，以及该指标应包含什么子项，具体详见下文。

1—3 岁婴幼儿处于语言和认知发展的关键阶段，他们对色彩鲜艳、内容简单有趣的图书有着浓厚的兴趣。对于"宝宝屋"而言，合理的图书投放是提供优质托育服务的重要内容。

合理的图书投放能够满足婴幼儿阅读的需求，应确保婴幼儿在"宝宝屋"内能够接触到丰富多样的图书资源，促进其语言和认知发展。对该指标的测评旨在为婴幼儿提供丰富、有趣且有助于其成长发展的阅读环境。图书的形式和内容应丰富多样。图书的摆放和收纳应方便婴幼儿取阅，确保婴幼儿能够轻松拿到图书，同时也便于他们在阅读后将图书归位，培养良好的阅读习惯。

随后对该指标的 1 分项、3 分项、5 分项进行具体描述与解释并配有相关图片，辅助评估人员更好理解指标，提高评估效率与质量。详见下文。

A1–A5 图书数量

评估该项时应当注意甄别图书是否适合婴幼儿，如果不适合，则不计入数量。

合适的图书应是保存完好，无明显的脏污撕毁；书页便于婴幼儿翻阅；有许多清晰的图片；在篇幅（一般不超过10页）和印刷字数上与婴幼儿的发展能力相匹配；没有暴力或恐怖内容等。

图 29 合适图书展示

评估人员需要询问从业人员当前"宝宝屋"最高容纳婴幼儿的数量，根据此数据来计算"宝宝屋"内的生均图书数量。例如，当"宝宝屋"最高同时容纳10个婴幼儿时，"宝宝屋"内共有30本图书，则可计算生均图书数量为3本。

生均数量如果少于4本，则评为1分；若介于4—6本，则评为3分；若多于6本，则评为5分。

2.《评价指标》内容及评价方法

《评价指标》的评分系统由1分、3分和5分三个等级构成，以反映对44个项目的不同达标水平。1分表示不足，需立即对该项进行整改；3分为合格水平，表明该项达到了基本要求；5分为优良，表明该项满足所有高标准要求。当观察到的实际情况部分符合某一评分档次（如介于1分和3分之间或3分和5分之间）时，可灵活使用2分或4分，以更精确地反映该项的实际状况。

在对"宝宝屋"的环境进行总体评价时，应遵循以下标准：若任意一项被评为1分，则环境总体质量应被视为不合格，因为1分代表环境中存在着严重问题，这在"宝宝屋"的建设中是不允许的，必须立即整改。如果44项指标均达到3分或以上，则该"宝宝屋"的环境总体质量可以被评为良好；若有33项（75%）达到5分，则可以将环境的总体质量评为优秀。

评估人员在评分前应仔细阅读量表的全部内容，包括量表以及对所有指标和项目

的解释说明，以确保对评分标准的全面理解。观察过程中，评估人员应随时参考量表，对照实际情况进行准确评分。

《评价指标》的具体内容如下：

（1）"空间环境"板块

这个板块分别由"室内空间"与"设施设备"两个二级指标组成。"空间环境"的评价指标主要考量社区嵌入式托育服务点硬件环境的建设是否规范，因此将以检核法的方式对社区嵌入式托育服务的"空间环境"进行质性评价。

"室内空间"分别由空间布局、采光通风、空气质量、室内卫生以及活动区域等五个三级指标构成，依次对应 11 条指标内容，具体内容见下表。

表 53 "室内空间"评价指标及内容一览表

二级指标	三级指标	不足（1）	合格（3）	优良（5）
1.1 室内空间	1.1.1 空间布局	A1 房间结构中存在一些明显的隐蔽角落和盲区，在其中的婴幼儿很难被照护者看到。	A3 房间的结构可能会阻挡照护者的视线，但有两名照护者同时在场时，这种情况可以避免。（如在 L 形的房间中，处在房间一边的照护者无法看到另一边的情况，可由另一位照护者照看。）	A5 房间结构方正，照护者可以方便地看到所有婴幼儿。
		B1 房间布局设计欠佳。（如通行的地方有很多拐角；婴幼儿的活动空间被较多的桌椅橱柜所占。）	B3 房间布局设计合理，桌椅橱柜等设施设备的摆放使婴幼儿有开阔的活动空间，且有一条不穿越游戏区域的通道。	B5 房间布局设计体现出儿童友好的特点，以方便婴幼儿轻松自如地活动。
	1.1.2 采光通风	A1 室内采光不足。	A3 室内明亮均匀，且有直接的自然光源。	A5 照明和自然光可调节。（如设有可调节的百叶窗或窗帘。）
		B1 通风条件不足，房间湿热有异味。	B3 可以通过打开窗户或门来实现自然通风，室内空气流通顺畅。	B5 可以通过排气扇、新风等空气循环设备实现机械辅助通风，照护者可以在"宝宝屋"内方便地操作调节。
	1.1.3 空气质量	A1 室内空气质量检测不符合标准。	A3 室内空气质量检测符合标准，并能够提供室内空气质量检测报告。	

（续表）

二级指标	三级指标	不足（1）	合格（3）	优良（5）
1.1 室内空间	1.1.4 室内卫生	A1 修葺不善。（如墙壁或天花板涂料剥落，地板粗糙破损。）	A3 修葺良好，室内地面平整，墙壁或天花板涂料没有剥落。	
		B1 室内空间疏于打理。（例如：地板及地毯上有积灰和污垢，水槽肮脏，踢脚线或桌椅橱柜周围积累了大量灰尘。）	B3 室内空间干净整洁。	B5 室内使用的材料耐用且易于清洁。
	1.1.5 活动区域	A1 室内没有可供婴幼儿休息或安静游戏的舒适区。	A3 室内至少有一处舒适区，配备了丰富的软质家具和柔软材料。	A5 室内有多处温馨的舒适区，配备了丰富的软质家具和柔软材料，且不受动态游戏的干扰。
		B1 未设置独立安全的低幼活动空间。	B3 设置了安全的低幼活动空间，方便尚不能独立行走的婴幼儿活动。	B5 充分考虑低幼活动空间的舒适性和安抚性，并为不能独立行走的婴幼儿提供适宜其月龄的丰富材料。
		C1 "宝宝屋"附近没有适合婴幼儿使用的盥洗区，或盥洗区设立在离"宝宝屋"较远的位置。	C3 盥洗区设立在邻近"宝宝屋"的位置，照护者及婴幼儿可以方便地抵达。	C5 盥洗区设立在"宝宝屋"内，方便婴幼儿安全自主地使用。
		D1 室内没有适合婴幼儿的陈列。	D3 在婴幼儿可以看到的地方有许多色彩丰富的陈列，包括二维的图片、海报、照片和一些三维立体的材料。	D5 "宝宝屋"室内陈列了一些婴幼儿熟悉的照片、图片或婴幼儿的艺术作品，并有明显的迹象表明陈列材料定期更换。

"设施设备"则由日常照料设施设备、桌椅橱柜以及温湿度调节和测量设备三个三级指标组成，依次对应9条指标内容，具体内容见下表。

表54 "设施设备"评价指标及内容一览表

二级指标	三级指标	不足（1）	合格（3）	优良（5）
1.2 设施设备	1.2.1 日常照料设施设备	A1 缺少或未配备功能齐全的婴幼儿日常照料设施配备。	A3 有充足且功能齐全的婴幼儿日常照料设施配备。	A5 婴幼儿日常照料设施具备友好便利性，布局合理，环境舒适。
		B1 符合婴幼儿身高的洗手槽（盆）、坐便器、小便斗等生活照料设施不足。	B3 符合婴幼儿身高的洗手槽（盆）、坐便器、小便斗等生活照料设施充足。	B5 符合婴幼儿身高的洗手槽（盆）、坐便器、小便斗等生活照料设施便于舒适方便地使用。
		C1 缺少生活照护区设备。	C3 有功能齐全的生活照护区设备。	C5 生活照护区设备使用方便，易于儿童养成良好生活习惯。

（续表）

二级指标	三级指标	不足（1）	合格（3）	优良（5）
1.2 设施设备	1.2.2 桌椅橱柜	A1 设施维护不良或质量不佳，存在安全隐患。（如木质器材有裂片或外露的钉子，椅子腿不稳等。）	A3 所有设施牢固并保养良好。	
		B1 桌椅、玩具柜都不适合婴幼儿身高。	B3 大多数是适合婴幼儿身高的桌椅、玩具柜。	B5 提供了适合婴幼儿身高的桌椅、玩具柜，并考虑了不同年龄段婴幼儿的需要。
		C1 缺乏开放式的低矮橱柜或其他存放玩具的设施。	C3 有足够的开放式的低矮橱柜或其他存放玩具的设施。	C5 提供的低矮橱柜能够灵活运用开放式设计，满足幼儿的游戏需求。
		D1 没有配备用于储存婴幼儿个人物品的大小合适且不与别人共用的储物格。	D3 用于储存婴幼儿个人物品的储物格配备充足、大小合适且不与别人共用。	D5 储物格设计方便，便于婴幼儿单独存取个人物品。
	1.2.3 温湿度调节和测量设备	A1 未配备电风扇或空调等制冷或保暖设备。	A3 配备有电风扇或空调等制冷或保暖设备。	
		B1 未配备温湿度计，或温湿度计未能有效发挥作用。	B3 温湿度计可有效监控室内温度和湿度在适宜范围。	

（2）"游戏环境"板块

游戏是1—3岁婴幼儿在社区嵌入式托育服务点主要的活动形式。瑞吉欧提出"环境是第三位老师"，明确指出婴幼儿是在与环境、材料的互动中，在与成人、同伴的交往中，逐步积累经验，进行早期学习，以整体、和谐的方式发展起来。因此，将"环境设置"和"材料提供"两方面设定为"游戏环境"的两个二级指标。

"环境设置"分别由游戏区域设置和游戏环境创设两个三级指标组成，主要考量社区嵌入式托育服务点游戏区域的科学规划以及玩具橱柜的合理配置与使用，由7条相对应的指标内容给予支撑，具体内容见下表。

表55 "环境设置" 评价指标及内容一览表

二级指标	三级指标	不足（1）	合格（3）	优良（5）
2.1 环境设置	2.1.1 游戏区域设置	A1 空间拥挤，可供婴幼儿的游戏空间狭小。（如大部分地面空间被设施设备占据；没有为婴幼儿设立独立的游戏区。）	A3 有足够的空间供婴幼儿游戏。	A5 有宽敞的空间供婴幼儿游戏。

（续表）

二级指标	三级指标	不足（1）	合格（3）	优良（5）
2.1 环境设置	2.1.1 游戏区域设置	B1 各类活动区规划混乱，安静活动区域容易受到嘈杂活动区域/动态活动区域的干扰。	B3 将安静活动区域与嘈杂活动区域/动态活动区域适当分隔开，为婴幼儿的游戏提供方便。	B5 有相对独立的大运动活动区域，在大运动活动区域玩耍的婴幼儿完全不会影响到其他安静游戏区域的婴幼儿。
		C1 为婴幼儿提供的游戏区的类型少于3个。	C3 为婴幼儿提供3—4个不同类型的游戏区，并为这些活动提供合适的空间，满足婴幼儿选择游戏的权利。	C5 为婴幼儿提供5个及以上不同类型的游戏区，并为这些活动提供合适的空间，满足婴幼儿多样化的游戏需要。
		D1 游戏区无明显分区，或区域的划分无序。	D3 游戏区分区有序，通过玩具柜的合理摆放呈现半开放/全开放的格局，便于婴幼儿进出。	D5 游戏区的设置灵活多样，相邻的游戏区域适度关联，方便婴幼儿从一种游戏自然过渡到另一种游戏。
	2.1.2 游戏环境创设	A1 婴幼儿游戏时缺乏柔软的设施。	A3 提供舒适的游戏环境，婴幼儿可在地毯或软垫等较软的设施上游戏和活动。	A5 营造温馨舒适的类家庭化游戏环境，呈现真实、熟悉、多样化的特点，以帮助婴幼儿尽快适应。
		B1 婴幼儿的游戏环境单一，以桌面游戏为主，桌椅占据了过多的空间。	B3 婴幼儿的游戏以地面游戏为主，有适量的桌椅以供婴幼儿的桌面游戏使用。	B5 为婴幼儿创设多样化的游戏环境，融合地面、桌面和墙面，以便婴幼儿自主选择适宜的环境。
		C1 玩具柜上的游戏材料摆放杂乱，收纳没有分类和标准。	C3 玩具柜上的游戏材料摆放整齐，收纳采用无盖、透明、可移动的收纳盒，便于婴幼儿的取用和存放。	C5 玩具柜的设置体现儿童友好的特点，通过张贴符合1—3岁婴幼儿认知的分类标识以引导婴幼儿物归原处。

"材料提供"分别由游戏材料提供、图书投放以及材料安全管理三个三级指标构成，主要关注游戏材料的种类、安全性以及使用管理等方面，同样由10条相对应的指标内容给予支撑，具体内容见下表。

表56 "材料提供"评价指标及内容一览表

二级指标	三级指标	不足（1）	合格（3）	优良（5）
2.2 材料提供	2.2.1 游戏材料提供	A1 符合婴幼儿动作与习惯、情感与社会、认知与探索、语言与沟通四个方面发展特点的玩具配备种类少于五类。	A3 符合婴幼儿动作与习惯、情感与社会、认知与探索、语言与沟通四个方面发展特点的玩具配备种类不少于五类。	

（续表）

二级指标	三级指标	不足（1）	合格（3）	优良（5）
2.2 材料提供	2.2.1 游戏材料提供	B1 游戏材料品种和玩法、难度单一。	B3 游戏材料品种和玩法、难度最少各有两种。	B5 游戏材料品种和玩法、难度多于两种，能够满足不同发展阶段的婴幼儿需求。
		C1 游戏材料数量不能满足两个儿童同时使用。	C3 游戏材料数量最少要能够满足两个儿童同时使用。	C5 游戏材料有较多选择空间。
		D1 真实的生活物品和低结构材料配备不足。	D3 真实的生活物品和低结构材料配备充足。	
	2.2.2 图书投放	A1 可供每名婴幼儿取用的图书少于4本。	A3 每名婴幼儿可取用4—6本图书。	A5 可供每名婴幼儿取用的图书多于6本。
		B1 投放的图书不适合婴幼儿阅读，且种类少于4种。	B3 图书适合婴幼儿阅读（以图为主，而不是以文字为主），图书的种类不少于4种。	B5 图书的内容和形式丰富多样，以满足婴幼儿的不同兴趣和需要。
		C1 大多数图书的摆放杂乱且有破损现象。	C3 大多数图书摆放整齐且完好无损。	C5 分散投放部分图书，满足婴幼儿在区域活动中能自由地取阅图书。
	2.2.3 材料安全与管理	A1 游戏材料不符合安全环保的国标要求。	A3 游戏材料有安全环保标识或符合安全卫生要求。	
		B1 游戏材料有明显缺件或损坏，未能以适宜的方式和规范的程序定期对游戏材料进行维护。	B3 根据需要定期、有序更换/增添游戏材料，定期对玩具进行检查和维护，确保玩具不缺件、无损坏。	B5 对玩教具的维护和管理有相应的记录在册。
		C1 缺少玩具资产管理账册。	C3 有完备的玩具资产管理账册，确保材料的种类、数量和收纳位置记录清晰。	C5 定期轮换摆放出来的玩具，并有充足的空间收纳暂时不用的玩具。

（3）"保育照护"板块

社区嵌入式托育服务点是由具有资质的保育人员为3岁以下婴幼儿提供生活照护、安全看护，以及提供早期学习机会的场所。首先，3岁以下的婴幼儿是"最柔弱的群体"，应该为他们创设安全、卫生的社区嵌入式托育服务环境，以促进婴幼儿身心健康成长。其次，杜威说过"生活即教育"，也就是说婴幼儿是在生活中进行学习的，将早期学习渗透在日常照料的各个环节中，将有助于提高婴幼儿的自我服务能力，帮助他们养成良好的生活卫生习惯。因此，在"保育照护"板块下分别设置了"安全保障"和"卫生保健"两个二级指标。

"安全保障"由防护设施和安全防控两个三级指标组成，共有3条指标内容对社区嵌入式托育服务环境的安全保障工作进行严格的评判，以确保社区嵌入式托育服务环境的安全性，具体内容参见下表。

表57 "安全保障" 评价指标及内容一览表

二级指标	三级指标	不足（1）	合格（3）	优良（5）
3.1 安全保障供	3.1.1 防护设施	A1 室内存在可能导致婴幼儿严重损伤的风险因素并缺乏必要的防护设施。	A3 室内不存在可能导致婴幼儿严重损伤的风险因素或采取了必要防护设施，避免了婴幼儿受损的风险。	A5 通过张贴简明易懂的安全提示画，帮助婴幼儿理解规则，提高安全意识。
	3.1.2 安全防控	A1 未配备保安员。	A3 配备一名具备资质的保安员，婴幼儿在"宝宝屋"活动期间在岗，确保婴幼儿安全。	
		B1 安全设施设备配置不齐全。	B3 安全设施设备齐全。紧急报警装置与区域报警中心联网；安装全覆盖的监控设备，监控录像资料保存期不少于30天。	B5 配备门禁系统，门体应配合门禁系统进行管控。

"卫生保健"则由卫生消毒和健康管理两个三级指标构成，共有8条指标内容对社区嵌入式托育服务环境的卫生保健工作进行细致的评价，以确保婴幼儿的健康，具体内容参见下表。

表58 "卫生保健" 评价指标及内容一览表

二级指标	三级指标	不足（1）	合格（3）
3.2 卫生保健	3.2.1 卫生消毒	A1 未配备消毒药械或配备不足量。	A3 配备足量的消毒药械，并达到相应的卫生要求。
		B1 未按标准流程对设施设备进行每日清洁消毒或缺少相应的管理记录。	B3 按照标准流程对设施设备进行每日清洁消毒并有相应的记录在册。
		C1 未对游戏材料采取合适的清洁消毒或缺少相应的管理记录。	C3 根据游戏材料的不同材质采取相应的清洁消毒方法，做好日常清洁消毒并有相应的管理记录在册。
	3.2.2 健康管理	A1 未按规范对婴幼儿进行健康检查或缺少相应的管理记录。	A3 按规范要求为婴幼儿进行健康检查，做到"一摸、二看、三问、四查"并做好管理记录。

（五）《评价指标》特点

本《评价指标》围绕普陀区社区"宝宝屋"托育服务环境构建，旨在科学、全面地评估托育服务环境质量，具有多方面显著特点。

1. 全面性与系统性

评价指标从空间环境、游戏环境到保育照护，涵盖了"宝宝屋"托育服务环境的各个关键领域。空间环境维度对室内空间的布局、采光通风、卫生状况，以及设施设备的配备和适用性进行细致考量；游戏环境维度聚焦游戏区域设置、环境创设以及材料提供的科学性与合理性；保育照护维度则着重于安全保障和卫生保健工作的落实情况。

各维度下又细分多个层级指标，形成了一个层次分明、逻辑连贯的评价体系，全面且系统地反映托育服务环境的整体质量，避免了评估的片面性。

2. 注重婴幼儿需求与发展

指标设定紧密围绕婴幼儿的安全、健康与发展需求。

在空间环境方面，对活动区域的规划、设施设备的高度和安全性要求，都以婴幼儿的身体特点和活动能力为依据，确保他们在安全舒适的空间内活动。

游戏环境中，对游戏材料、图书的种类、难度和多样性要求，旨在激发婴幼儿的探索欲望，促进其在动作、认知、语言等多方面的发展。保育照护维度的各项指标更是直接关系到婴幼儿的健康成长，从安全防护到卫生保健，全方位保障婴幼儿的身心健康。

3. 强调实操性与指导性

评价指标采用明确的 1 分、3 分、5 分等级评分制，每个等级都有详细且具体的描述。这种设定方式使得评估人员能够清晰地判断"宝宝屋"环境所处的水平，具有很强的实操性。

同时，对于每个指标的合格和优良标准，都给出了具体的要求和示例，为"宝宝屋"的运营者提供了明确的改进方向和指导，有助于他们对照指标进行环境优化，提升托育服务质量。

4. 融合生态学理念

将生态学的整体性、开放性、多样性、动态性和可持续发展理念融入评价指标。

整体性体现在既关注硬件环境的建设，又重视软件环境的营造，以及各教育主体间关系的动态监测；开放性与多样性在游戏环境创设和材料提供中得以体现，通过提供开放多样的游戏区域和丰富的游戏材料，满足婴幼儿的个性化发展需求；动态性在游戏环境和材料管理指标中有所反映，要求根据婴幼儿的发展阶段和实际需求，灵活调整游戏环境和材料。这种理念的融入，使评价指标更具科学性和前瞻性。

5. 紧密结合本地实际与政策导向

指标研制参考了大量国家和地方的托育相关政策文件，确保与政策导向一致。同时，充分考虑了普陀区社区"宝宝屋"的实际情况，如社区嵌入式的建设方式、临时托的服务类型等，使评价指标具有较强的地域适应性和针对性，能够切实推动普陀区托育服务环境的规范化和特色化发展。

第五章
研究成果

一、普陀区"宝宝屋"社区托育服务深受家长满意

普陀区"宝宝屋"社区托育服务在满足家长需求与婴幼儿成长期望方面成绩斐然，收获家长高度赞誉。在调查过程中，研究团队采用严谨的抽样方法发放问卷，并结合深入访谈，全面收集家长反馈，结果显示家长对"宝宝屋"服务满意度极高。

从服务内容看，"宝宝屋"提供的托育服务精准匹配家长需求。其灵活的计时制服务模式，充分考虑家长在不同时段的照护难题，为家长提供了极大便利，契合现代家庭快节奏的生活方式。在照护过程中，工作人员以专业且贴心的服务，让家长毫无后顾之忧。无论是对婴幼儿生活起居的悉心照料，还是根据婴幼儿年龄特点设计的个性化照护方案，都展现出服务的专业性与针对性，赢得家长的高度认可。

在教育活动设置上，"宝宝屋"成效显著。通过开展丰富多元的活动，极大地促进了婴幼儿的全面发展。活动设计紧扣婴幼儿发展关键期，涵盖认知、语言、运动、社交等多个领域。例如，组织创意手工活动，激发婴幼儿的想象力与创造力；安排趣味游戏，提升婴幼儿的身体协调能力和团队协作能力；开展绘本阅读活动，培养婴幼儿的语言表达和理解能力。这些活动让婴幼儿在快乐中学习成长，家长切实看到孩子在认知、情感、社交等方面的显著进步，对"宝宝屋"的教育活动倍加赞赏。

此外，"宝宝屋"在环境营造上用心十足。室内空间布局合理，色彩搭配温馨，为婴幼儿打造了舒适、安全且富有吸引力的活动空间。安全设施完备，从防护栏、防撞条到无死角监控，全方位保障婴幼儿活动安全。同时，注重环境的卫生清洁，定期消毒，为婴幼儿提供健康的生活环境，让家长放心将孩子托付给"宝宝屋"。

二、普陀区"宝宝屋"模式完整创建

（一）科学合理的点位布局

普陀区在"宝宝屋"的点位布局上进行了精心规划，目前已在全区十个街镇成功设立 27 家"宝宝屋"。这些"宝宝屋"的选址充分结合了区域内的人口分布、社区资源以及居民的实际需求，实现了多元化的布局模式。这种布局模式使得"宝宝屋"广泛分布于各个街区，极大地提高了托育服务的可及性。多数家庭步行短时间内即可到达相应的"宝宝屋"，切实解决了家长送托路途远、耗时久的难题。家长无需在路途上花费过多时间和精力，就能便捷地将孩子送到"宝宝屋"接受照护和教育。调查数据显示，大部分家长送孩子去"宝宝屋"的通行时间在 15 分钟以内，这一数据充分证明了"宝宝屋"点位布局的合理性和高可及性，让更多家庭能够轻松享受到优质的托育服务。

（二）便捷高效的线上预约系统

普陀区社区"宝宝屋"在服务模式上勇于创新，率先成为全市首个与政府网站"随申办"实现全线上预约的服务项目。家长通过"随申办"，可以轻松完成服务资格认定、预约、签到以及婴幼儿接领等一系列操作流程。该系统与"一网通办"大数据实现无缝对接，并采用实名认证预约登记制度，确保了预约过程的便捷性与安全性。预约界面设计清晰明了，全面展示了"宝宝屋"的点位布局、预约场次、开设地址等关键信息，家长足不出户，通过手机或其他电子设备就能完成预约，大大节省了时间和精力。这一创新举措不仅为家长提供了极大的便利，同时也显著提升了服务管理的效率，优化了整个托育服务流程。

三、形成了可推广辐射的"宝宝屋"创设经验

（一）完善的环境创设与运行装备标准

在环境创设方面，普陀区"宝宝屋"制定了一套全面且细致的标准。在空间布局方面，要求房间结构方正，照护者能够毫无阻碍地观察到所有婴幼儿的活动，桌椅橱柜的摆放需确保婴幼儿拥有开阔的活动空间，并且设置专门的通道，避免穿越游戏区域，保障婴幼儿活动的安全与顺畅。在采光通风方面，室内需具备良好的自然采光条件，且照明和自然光应可调节，同时通风要顺畅，必要时需配备机械辅助通风设备，如排气扇、新风系统等，以保证室内空气的清新与舒适。在室内卫生方面，要求建筑修葺良好，

地面平整，墙壁和天花板涂料无剥落现象，室内空间干净整洁，所使用的材料应耐用且易于清洁，为婴幼儿提供一个健康、舒适的环境。

对于"宝宝屋"运行所需的装备也有明确的标准。在日常照料设施设备方面，需配备功能齐全的设施，如符合婴幼儿身高的洗手槽、坐便器、小便斗等，且数量充足、布局合理、方便使用，能够满足婴幼儿的日常生活需求。游戏材料的提供要符合婴幼儿在动作与习惯、情感与社会、认知与探索、语言与沟通等方面的发展特点，种类丰富多样，品种和玩法具有多样性，数量上要能够满足至少两个婴幼儿同时使用，同时要配备充足的真实生活物品和低结构材料，以激发婴幼儿的创造力和想象力。图书投放注重数量、质量和摆放方式，生均图书需达到一定标准，图书内容应丰富多样，包括虚构类和非虚构类，种类涵盖玩具书、布书等多种类型，且摆放要便于婴幼儿取阅，培养他们的阅读习惯。

（二）丰富多样的游戏活动方案

"宝宝屋"有不同的房型结构，如环形一体式、两室一厅型等，课题组采用"小分区靠边，集中区居中"的布局原则，巧妙设置多样化的游戏区域。这些区域紧密围绕婴幼儿的发展需求，为他们提供了丰富的游戏体验。在游戏材料的选择上，严格遵循安全性、可玩性、可变性的原则，精心梳理玩具清单。同时，结合对婴幼儿游戏行为的细致观察，从游戏材料、价值取向、参考图例、游戏行为表述和指导提示等多个维度，制定了详细且实用的游戏活动方案。这些方案旨在促进婴幼儿在动作、语言、认知、情感和社会等多个领域的全面发展，为不同年龄段和发展阶段的婴幼儿提供了适宜的游戏活动，助力婴幼儿身心健康成长。其他"宝宝屋"可以借鉴这些方案，根据自身实际情况进行调整和优化，丰富婴幼儿的日常活动。

四、形成"宝宝屋"托育环境评估工具

随着"宝宝屋"托育服务的普及，提高其服务质量和标准化管理的重要性愈加凸显。标准化的质量管理不仅是"宝宝屋"提供高质量托育服务的保障，同时也是推进普惠性托育服务在各区街道镇均衡发展的关键。"宝宝屋"的环境创设是其服务质量和标准化管理中的重要组成部分。精心设计的环境不仅关乎婴幼儿的安全与舒适，更直接影响他们的探索与发展。

通过总结本次"宝宝屋"创设与国内外其他优秀经验，经过多轮与专家、一线教师的座谈，现已形成《普陀区社区嵌入式托育服务环境评价指标》与《普陀区社区嵌

入式托育服务环境评价指标使用说明手册》，助力托育环境评估。《评价指标》将提升托育服务环境创建的科学性。借助量化与质性相结合的评价方式，精准剖析环境各方面状况，为改进社区嵌入式托育服务环境提供科学支撑。增强规范性，明确各指标达标标准，使托育服务机构有章可循。提高实用性，切实满足婴幼儿身心发展需求，如舒适的活动区域、安全的生活设施等，助力婴幼儿在安全、温馨、富有启发性的环境中实现身心全面和谐发展，为普陀区托育服务事业稳健前行奠定坚实基础。

第六章
未来展望

本研究在基于生态学理念的社区嵌入式托育服务环境创设方面已取得优秀的阶段性成果，但面对社会持续发展和育儿需求的不断变化，仍有广阔的提升与拓展空间。

一、强化专业人才培育

全力打造全方位、多层次的托育服务人才培育体系。联合高校学前教育、儿童发展等专业院系，以及专业托育培训机构和行业资深专家团队，共同开发针对性强、实用性高的托育人才培养课程。课程内容不仅涵盖生态学理念在托育实践中的深度渗透、0—3 岁婴幼儿身心发展规律与个性化指导策略，还包括特殊需求婴幼儿照护技能、亲子互动与家庭支持指导方法、托育服务机构运营管理实务等核心领域。同时，积极搭建多元化实践平台，建立一批社区嵌入式托育实习基地，让学员在真实场景中积累实践经验，定期组织案例研讨、模拟教学与现场观摩活动，提升学员解决实际问题的能力。此外，构建完善的从业人员资质认证与职业发展晋升体系，激励其不断提升专业素养，为社区嵌入式托育服务持续输送高素质专业人才，确保服务品质稳步提升。

二、提升服务品质管理

未来还需要深度融合现代信息技术与托育服务管理流程，打造智能化、高效能的服务品质管控体系。运用大数据技术全面收集与分析婴幼儿在托育过程中的行为表现、发展指标、兴趣偏好等数据，以及家长的反馈意见和社区资源利用情况，实现服务内容的精准定制与动态调整；借助物联网技术实现托育环境设施的智能互联与远程监控，如实时监测室内空气质量、温湿度、设备运行状态等，并自动进行优化调控；引入人工智能客服与智能辅导系统，为家长提供 24 小时在线育儿咨询与指导服务，及时解答疑问，反馈婴幼儿情况。同时，进一步强化托育服务机构与社区医疗、文化、体育等资源的协同联动机制，定期开展联合健康检查、亲子文化活动、婴幼儿运动赛事等，丰富托育服务内涵与形式，构建全方位、全周期的社区育儿支持生态网络，显著提升家庭育儿满意度与社区托育服务整体效能。

三、促进经验推广辐射

在未来，还需积极拓展跨区域、跨领域合作交流渠道，全方位推广普陀区"宝宝屋"的成功经验与创新实践模式。通过举办或参加学术研讨会、经验分享会、实地观摩培训活动等，向全国各级政府部门、托育服务机构、教育研究单位展示普陀区在社区嵌入式托育服务环境创设、运营管理、人才培养、品质提升等方面的有效举措与显著成果；深度参与国家和地方托育服务行业标准规范的制定与修订工作，将普陀区的实践经验与研究成果转化为行业通用准则，引领社区嵌入式托育服务行业规范化、标准化发展。

同时，我们还应积极开展国际交流与合作项目，与国际先进托育服务机构和研究团队建立长期合作关系，引进吸收国外前沿理念、技术与管理经验，结合本土实际进行创新融合，提升我国托育服务在国际上的知名度与影响力，为全球婴幼儿照护事业发展贡献中国智慧与力量，推动我国托育服务事业迈向新高度，惠及更多家庭与儿童。

参考文献

[1] 虞永平．幼儿园教育环境创设与利用的问题和思路 [J]．早期教育（教育教学），2021(3): 4-7.

[2] 蒲阳．C 市托育机构婴幼儿学习环境质量调查研究 [D]．西南大学，2021.

[3] 王菁．基于观察的托班环境创设和材料提供的研究 [J]．上海托幼，2021, 9A: 6-7.

[4] 王全妹．托班适应期的环境创设 [J]．上海托幼，2022, 1/2A: 42-43.

[5] 张馨楠．托育机构粗大动作智能区环境创设 [J]．保育与教育，2023, 9A: 21-24.

[6] 彭晓梅，苏雪云．托幼一体化视角下 0～3 岁托育机构环境创设探讨 [J]．上海托幼学，2022, Z2: 24-25.

[7] 刘映辉，薛慧．托班区域游戏的研究 [J]．早期教育，2005(1): 14-15.

[8] 张金果．0—3 岁婴幼儿托与服务家长满意度调查研究 [D]．东北师范大学，2019.

[9] 瞿宁．社会照顾理论视角下中国的早期儿童照顾模式研究 [J].

[10] 秦旭芳，姜春林，党森．0—3 岁婴幼儿托育服务从业人员职业化水平调查研究 [J]．教育与教学研究，2021, 35(03): 76-86.

[11] 杨雪燕，井文，王洒洒．中国 0—3 岁婴幼儿托育服务实践模式评估 [J]．人口学刊，2019, 41(1): 5-19.

[12] 梁思桐．0—3 岁婴幼儿托育机构师幼互动的个案研究——以韶关市 C 园 B 班为例 [D]．广州大学，2022.

[13] 巩蕴清，李克建．浙江省 0～3 岁婴幼儿托育机构质量现状调查与建议 [J]．幼儿教育，2019(36): 10-16.

[14] 金佳梅子．0—3 岁儿童早教课程师幼互动的个案研究 [D]．福建师范大学，2017.

[15] 金燕妮．CLASS Toddler 与 ITERS-3 在托育机构师幼互动质量评价中的应用分析 [D]．浙江师范大学，2020. DOI: 10.27464/d.cnki.gzsfu.2020.000827.

[16] 刘懿．0—3 岁早教园教育的问题及对策研究 [D]．华东师范大学，2007.

[17]陈若琳，涂妙如，李麗圳.新北市家長對嬰幼兒托育照顧的滿意度研究[J].人類發展與家庭學報，2014;
16:79-102.

[18]（美）哈姆斯，T.，克莱尔，D.，克利福德，R. M.嬰幼儿学习环境评量表[M].汪光珩，周欣，译.上海：
华东师范大学出版社，2015.

[19]上海市教育委员会教育技术装备中心.上海市幼儿园装备指南（试行）[M].上海：华东师范大学出版社，
2020.

[20]冯国强.0—3岁婴幼儿游戏[M].上海：华东师范大学出版社，2017.

[21]茅红美，王岫.托育机构一日活动操作指引[M].上海：复旦大学出版社，2023.

[22]中华人民共和国国家卫生健康委员会.托育机构质量评估标准：WS/T 821—2023[S].北京：中华人民共和
国国家卫生健康委员会，2023.

[23]上海市教育委员会，上海市公安局.上海市社区托育"宝宝屋"安防建设工作指南：沪教委托幼〔2023〕9
号[S].上海，2023.

[24]上海市教育委员会.上海市幼儿园装备指南（试行）[S].上海：华东师范大学出版社，2020.

[25]上海市规划和自然资源局.上海市15分钟社区生活圈规划导则（试行)[EB/OL].沪规土资详〔2016〕636号，
2016-8-15[2024-09-19].

[26]上海市教育委员会.上海市幼儿园办园质量评价指南（试行稿）[S].上海，2020.

[27]上海市教育委员会.上海市0—3岁儿童发展指南（试行稿）[S].上海，2024.

[28]中华人民共和国住房和城乡建设部.托儿所、幼儿园建筑设计规范[S].2019.

[29]Scopelliti M, Musatti T. Parents' View of Child Care Quality: Values, Evaluations, and Satisfaction[J]. Journal of Child & Family Studies, 2013, 22(8).DOI:10.1007/s10826-012-9664-3.

[30]Kaiser, S., Skjesol, I., Sætrum, A., Adolfsen, F., & Martinussen, M. (2020). Parent Satisfaction with the Open kindergarten in Norway. International Journal of Health Promotion and Education, 60(1), 49 - 62. https://doi.org/10.1080/14635240.2020.1775674.

[31]Nyland, B., Pan, B., Cooper, B., Nyland, C., & Zeng, X. (2016). Parents' Satisfaction with Kindergarten Services in Beijing at a Time of Systemic Expansion. Australasian Journal of Early Childhood, 41(1), 19-27.

[32]Harms, T., Cryer, D., & Clifford, R. M. Infant/Toddler Environment Rating Scale, Revised Edition (ITERS-R)[M]. New York: Teachers College Press, 2007.

[33]Harms, T., Cryer, D., & Clifford, R. M. (2017). Infant/Toddler Environment Rating Scale, Third Edition (ITERS-3). Frank Porter Graham Child Development Institute, University of North Carolina at Chapel Hill.

[34]Cryer, D., Riley, C., Link, T., & McCullough, V. All about ITERS-3[M]. Lewisville: Kaplan Early Learning Company, 2022.

第二部分
“宝宝屋”案例精选

第一章
空间环境

鞋柜隐含的教育价值
——给宝宝动手穿脱的机会

上海市儿童世界基金会普陀幼儿园　张　君

一、背景

　　看似平淡无奇的鞋柜既能摆放幼儿、家长的鞋子和包，还能让家长休息之余便利地观察一墙之隔孩子在"宝宝屋"内的活动情况，除此还隐含了对幼儿自理能力培养的教育价值。瑶瑶（20个月）在外公、外婆的怀抱下来到"宝宝屋"，外公从瑶瑶脚上脱下鞋子提在手上，却不是让瑶瑶自己去脱、去放。

二、实录

　　瑶瑶（20个月）在外公的引导下和教师招呼着接受晨检，教师看到外公手提宝宝鞋子，走到鞋柜前把鞋子放到格子里，疑惑地问外公："瑶瑶已经来'宝宝屋'好多次了，情绪也是慢慢稳定了，为什么不让他自己脱鞋，自己走进宝宝屋内呢？"外公说："没关系，没关系，我们帮他一下速度很快的。"家长客气的回应并没有让教师放弃寻找原因。教师发现鞋柜

距离正门有 2 米多，教师很难在兼顾室内幼儿游戏的同时到外面协助指导脱放鞋，而且幼儿脱下鞋子后会在地上走一小段路，家长可能不放心：地面干净吗？现在正是季节转换时，脚踩在地上会冷吗？这些担心造成了家长帮助幼儿把鞋子脱好、放好的现象。于是教师立马调整了鞋柜的位置，将其中一个组合鞋柜摆放到靠近入门处。

活动结束时，教师引导宝宝们到鞋柜里找找自己的鞋子。教师一边对幼儿说"我们找找自己的鞋子在哪里"，一边示范引导家长"找到鞋子的宝宝可以试着自己穿一穿，家长可以让宝宝自己拔一拔鞋跟，帮助宝宝把鞋子穿上去"。瑶瑶很高兴地在鞋柜内找到了自己的鞋子，往自己的脚上套，还使劲把脚往前顶，最后在外公的帮助下穿上了自己的鞋子。教师提示："我们下次来'宝宝屋'换鞋，也可以自己试一试，坐在鞋柜上，脱好、放好，在找鞋子的时候还会想起自己把鞋放在哪里了。这样既培养了动手自理能力，还能让宝宝知道自己的东西放哪就到哪儿找的规律。"

三、思考

成人要为幼儿提供锻炼的机会，不要包办代替，要营造积极的氛围。在潜移默化的教养氛围和环境创设中，逐步养成幼儿良好的行为习惯和综合素养，使其终身受益。

一开始时，教师只考虑到了鞋柜摆放以及坐的功能，忽略了幼儿这一群体的细节操作，或者说忽略了其潜在的教育价值。教师在具体使用中发现问题后马上改进，调整其中一个鞋柜的位置，直接放置在门边。这样既能协助幼儿完成换鞋，又能完成摆放个人物品、整理衣物等自我服务的内容，提高幼儿自我服务的能力，体现了教师在生活活动中遵循回应性照护的原则。其实，还可以在原来鞋柜与入门的位置之间添置软垫，让幼儿在换好鞋子后能通过软垫到达"宝宝屋"内，也能消除家长的顾虑，自然愿意放手让宝贝们自己试一试。

环境创设的动态调整，满足了婴幼儿发展需求并消除了家长的顾虑。将可持续发展的理念渗透在保育照护的日常照料中，体现了对婴幼儿行为习惯养成的支持。回应性照护传递了高品质的科学育儿理念，在空间环境的创设中潜移默化地影响着孩子们成长。

小置物架的大功能
——宝宝自己拿杯子

上海市儿童世界基金会普陀幼儿园　张　君

一、背景

"宝宝屋"不提供水，幼儿要饮水须自己带水壶。移动小置物架成了摆放水杯的地方，三层不同高度的置物架可以满足不同月龄、不同身高幼儿的摆放需求。小置物架的灵活使用，不仅让幼儿变得更自主，而且还能让幼儿提高自我服务能力，自信心也更强了。

二、实录

毛毛（23个月）是第二次来到"宝宝屋"活动。只见毛毛在妈妈的陪伴下进入活动场地，兜了一圈就离开妈妈的环抱，一会儿到娃娃家烧烧饭，一会儿拿着小拖把"清洁扫地"。教师看见毛毛妈妈手里拿着水杯，就说："宝宝的杯子可以放在置物架上。"毛毛妈妈回答："没有关系，我拿着，宝宝等会儿要喝的。"

过了一会儿，教师看到一个幼儿在放置宝宝水杯的置物架前来回徘徊，问："你是想喝水吗？"幼儿点点头。"来，宝宝自己拿。"只见宝宝在教师的鼓励下拿起自己的水杯，按了一下按钮，打开杯盖就喝了起来。教师将装着水壶的移动置物架推到娃娃家，提示其他幼儿："宝贝们，喝水啦——"孩子们听到后纷纷走来，辨认着自己的杯子，教师在一边帮忙确认孩子们是否拿对了。接着，孩子们有的坐在沙发上喝水，有的坐在地垫上喝水，有的站在娃娃家厨房里喝水，喝完后陆陆续续合上杯盖，把水杯送回到移动置物架上，重新分散到四周开始玩起来了。毛毛这时候找到妈妈，指指水杯："喝水。"妈妈赶紧手持水杯喂毛毛喝水，毛毛也非常自然地靠着妈妈的手臂喝着。这时，教师来到毛毛妈妈面前，说："这些孩子都是差不多大，毛毛也可以试一试，我们把水杯和小朋友的放在一起，想喝了就去拿。"毛毛妈妈鼓励宝宝："来，我们毛毛也去放在架子上。"妈妈陪同毛毛将水杯放到置物架上，毛毛看了一会儿后才离开，重新开始游戏。游戏中，毛毛到置物架前反复看过几次："这是宝宝的水杯。"确认后，毛毛才放心地离开置物架。有一次，毛毛还自己拿起杯子打开喝了起来，妈妈看了以后连连点头："我们下次来也放在架子上，宝宝自己拿哦。"毛毛自豪地说："宝宝自己喝。"

三、思考

社区托育服务的环境由生活环境和游戏环境两部分组成。生活环境的创设需融入生态化服务的育儿理念，以便于婴幼儿的使用为目的。如宝宝日常生活中常常要饮水，提供移动小置物架来摆放婴幼儿生活中常常使用的水杯，且选择的是三层移动小置物架，不同的高度层次能满足1—3岁幼儿自主拿取。

活动中，可以看到教师根据幼儿的需求，灵活使用饮水置物架，将生活环节与游戏相结合，让喝水也变得有趣。这个设置符合便于社区托育服务"宝宝屋"照护者开展日常照护的原则，彰显了空间灵活性，还能从中帮助婴幼儿逐步养成良好的生活自理能力。

家长之所以帮孩子把简单的事包办了，往往是认为这是表现对孩子的关爱，还有就是对孩子能力的不确定，怕孩子做不好。在孩子成长的过程中，许多的进步都来自家长的放手，要让孩子亲自去体验、操作。

1—3岁的幼儿具有初步自我意识、自我服务能力和学习交往能力。在平行生活中，幼儿之间会相互模仿、学习，同伴的自主拿取、饮水对幼儿来讲是一种提示和自我服务的机会，家长不妨放手，给幼儿锻炼的空间。

开心地运动吧

——满足不同月龄婴幼儿运动空间的创设

普陀区海贝尔幼儿园 邵 洁

一、背景

一个优质的成长环境对于婴幼儿的发展起着至关重要的作用。真光集市儿童成长中心的"宝宝屋"便是在这样的背景下应运而生，旨在为婴幼儿提供一个全面发展的理想场所。这里的空间设计充分考虑了不同月龄段婴幼儿的各种需求，各个功能区域划分明确，又相互连通，为婴幼儿们的学习、运动、游戏探索和成长创造了良好的条件。

二、实录

"宝宝屋"运动体能区的扶走软垫已然成了小明（16 个月）的专属"练步场"，爸爸全程陪伴，给予悉心指导。小明身着柔软的连体衣，小手如同钳子一般，紧紧地抓着栏杆，小脚在软垫上不停地蹭动，眼睛睁得大大的，满是探索的渴望。爸爸见状，迅速半蹲下来，与小明的视线平齐，伸出右手，掌心向前，放置在距离小明一小步远的地方，同时

说道："宝贝，看这儿，松开手，像小超人一样往前冲，试试能不能抓到爸爸的手。"小明的目光瞬间被爸爸的手吸引，他抿了抿小嘴，似是下了决心，小脚用力蹬地，努力抬起一只脚，颤颤巍巍地朝着爸爸的手迈了出去。刚一落脚，身体就不受控制地摇晃起来。爸爸眼疾手快，立刻伸出左手，稳稳地托住小明的腋下，说："别慌，慢慢来，爸爸接着你呢。"

在爸爸的扶持下稳住身形后，小明小屁股往下一沉，调整好站立的姿势，再次鼓足勇气，朝着爸爸的手迈出一步。这一回，脚步明显稳当了许多。"哇，小明太厉害了，这一步走得又稳又直！"爸爸抑制不住内心的喜悦，声音都拔高了几分。受到鼓舞的小明越发来劲，沿着围栏，一步接着一步地挪动。每成功迈出一步，爸爸都会适时地张开双臂，给小明一个温暖有力的拥抱，或者轻轻抚摸小明的头顶，说："对啦，就

是这样，继续加油。"过了一段时间，小明的脚步变得拖沓起来，爸爸敏锐地察觉到了，一把将小明抱起来，让他坐在自己的大腿上，稍作歇息。其间，爸爸还不忘绘声绘色地讲起旁边小朋友勇敢走路的趣事，逗得小明"咯咯"直笑，原本有些疲惫的小脸蛋瞬间又焕发出光彩。

在这片小小的软垫区，爸爸用耐心的互动指导，陪伴小明踏出成长路上坚实的步伐，助力他一步步迈向独立行走的未来。

贝贝（30个月）坐在五颜六色的小车里，双手兴奋地握着方向盘，嘴里"嘟嘟"有声，佯装自己是个驰骋赛道的赛车手。爸爸则在一旁陪着他奔跑，时不时伸手轻轻推动小车，让它跑得更快些，还笑着呼喊："加油，小赛车手，咱们超过前面那座'小山'啦！"顺着爸爸手指的方向，贝贝看到了不远处用彩色积木搭成的"小山"，眼睛一下子亮了，更加卖力地"驾驶"。玩了好一会儿，爸爸提议："宝贝，咱们把小车停回停车区，去对面玩爬爬垫咯。"贝贝虽有些不舍，但还是在爸爸引导下，慢慢将小车推到扶走区旁专门的停车区，停好后还不忘拍拍车身，像是在跟爱车告别。

父子俩穿过宽敞的空地，走向对面的高低爬爬垫。路上遇到了同样来玩耍的小伙伴，贝贝好奇地盯着别人手里的新奇玩具，脚步慢了下来。爸爸看出他的心思，轻声问："想和小朋友一起玩会儿吗？"贝贝懵懂地点点头。爸爸便带着他走上前，和其他家长、幼儿友好交流。很快，几个小朋友就围坐在一起分享玩具，你递我一块积木，我给你一个小球，笑声不断。

来到爬爬垫区域，爸爸先在高低错落的垫子边蹲下，张开双臂，鼓励贝贝："勇敢的探险家，爬上这座'小山丘'，爸爸在这儿等你。"贝贝深吸一口气，手脚并用地开始攀爬，遇到高一点的地方有些害怕，爸爸就用手轻轻托着他的小屁股助力，嘴里不停打气："快啦，快到山顶啦，你看风景多美！"成功登顶后，贝贝兴奋地挥舞小手，向爸爸示意，爸爸也热烈鼓掌回应。

三、思考

从"宝宝屋"的实际运营和孩子们的活动情况来看，其空间设计的合理性得到了充分的体现。尤其是在运动区域的创设上，充分考虑到了不同月龄婴幼儿的动作发展需求与安全保护措施，将教育理念巧妙渗透其中。

在"宝宝屋"专门设置了安全扶走区，主要针对小月龄幼儿。考虑到他们正处于学步的关键阶段，扶走区四周设有稳固的栏杆，一方面为幼儿提供了可以借力扶着练习走路的支撑，另一方面栏杆将这片区域稳稳地保护起来，有效避免小月龄幼儿因行动不稳摔倒或碰撞，全方位守护他们的安全。

同时，还打造了高低攀爬垫区，侧重于满足 30 个月左右大月龄幼儿的动作发展需求。这个阶段的幼儿肢体力量逐渐增强，好奇心旺盛，渴望挑战更高难度的动作。高低攀爬垫区配备不同高度、不同坡度的攀爬设施，下方铺满柔软且有足够缓冲力的攀爬垫，既能鼓励他们勇敢攀爬、锻炼四肢协调性与肌肉力量，又能在不慎滑落时给予充分的保护，让孩子们毫无后顾之忧地去探索、去尝试。

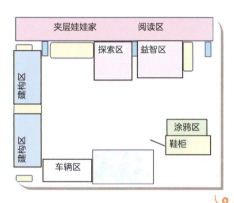

宽敞方便的运动空间以及各种可联动的运动设备，为孩子们提供了充足的运动机会，让他们在锻炼身体的同时也培养了勇敢、自信的品质。家长们的积极参与，不仅增进了亲子关系，还为孩子们的成长提供了更多的支持和引导。

然而在实践过程中，也发现了一些可以进一步优化的地方。例如，运动体能区的设备虽然丰富，但对于一些年龄较小的幼儿来说，可能存在一定的难度和安全隐患。因此，可以考虑增加一些适合低龄儿童的运动设备，如小型的攀爬架、柔软的海洋球池等，让每个婴幼儿都能在运动中找到适合自己的项目。

"宝宝屋"的空间设计是一个不断完善和优化的过程。只有充分考虑婴幼儿的需求和特点，不断改进和创新，才能创造一个更加优质、更加符合现代教育理念的成长环境，让他们在快乐中学习，在探索中成长。

"宝宝屋"的卫生间

——打造 0—3 岁婴幼儿友好卫生间

普陀区海贝尔幼儿园　邵　洁

一、背景

"宝宝屋"的卫生间创设是婴幼儿生活环境创设的必要一环，其设计初衷，便是要打破传统卫生间仅仅满足基本生理排泄需求的局限，致力于构建一个安全无虞、卫生洁净、充满趣味且富有教育意义的空间。在安全层面，要确保婴幼儿在每一个角落、每一次使用过程中都不会受到意外伤害；在卫生层面，严格遵循高标准的清洁消毒流程，选用环保无害的清洁用品，保障婴幼儿接触的每一处表面都是干净无污染的；在教育层面，则寓教于乐，充分利用婴幼儿在卫生间的短暂停留时间，通过巧妙的设计、精心的布置，将洗手、如厕等日常行为转化为学习成长的契机，让婴幼儿在不知不觉中汲取知识、养成良好习惯。它不仅仅是一个功能性的空间，更是婴幼儿成长旅程中的一个微型课堂，全方位满足他们在成长初期的多样化需求。

二、实录

小悦悦（24 个月）蹦蹦跳跳地牵着妈妈的手，来到了"宝宝屋"的卫生间。她的目光转移到了洗手池旁造型别致的垫高凳上。垫高凳摆放位置明显，与周围的环境相得益彰，高度比普通凳子高出一些，却又恰到好处地契合婴幼儿的身高需求。小悦悦满是疑惑地眨着大眼睛，歪着头问："妈妈，要在洗手的地方坐小凳子吗？"妈妈和声细语地解释："宝贝，它叫垫高凳。你瞧，它是不是比咱们家里的凳子高一些呀？这可是有大用处的哦。"妈妈将小悦悦抱到垫高凳上，轻轻握住小悦悦的小手，打开水龙头，说："现在我们可以开始洗手啦，小悦悦站在这个垫高凳上，一下子就能轻松够到洗手池，是不是很方便呀？""是呀，能站得高高的，一伸手就洗到啦。"妈妈一边帮小悦悦卷袖子，一边轻声讲解："宝宝要记住，每次站在垫高凳上，都要像小松树一样站稳扶好，这样才能保证安全哦。而且，这个垫高凳还有个神奇的魔法，它不仅能让你够到洗手池，还能让你清楚地看到镜子里的自己。"

小悦悦又被墙壁上形象生动的洗手提示贴纸牢牢抓住了目光，说："妈妈，这是什么呀？""这个小熊猫，可是咱们的洗手小卫士哦，它告诉小朋友们要注意洗手的方法呢。"妈妈接着说，"小熊猫会提醒小朋友们要把小手洗干净，这样才能健康长大，不生病哦。"妈妈顺势打开水龙头，对小悦悦说："宝宝来，我们一起跟着小熊猫学洗手，看看它是怎么把小手洗干净的。"妈妈一边认真地给小悦悦洗手，一边细心地解说："宝宝看，要先把手心淋湿，像这样，然后抹上洗手液，手心、手背、手指都要搓到哦，特别是手指缝，那里最容易藏细菌啦。"洗完手后，妈妈笑着夸奖："宝宝真棒！小熊猫看到你这么爱干净，肯定也在夸你呢。"妈妈又指着贴纸说："宝宝看，这个小熊猫在给我们做榜样呢，它告诉我们洗完手要把水龙头关掉，不能让水白白流走哦。"小悦悦懂事地点了点头，清脆地说："知道啦！"

小悦悦和妈妈来到了厕所区，厕所区设置了隔断，巧妙地保护了幼儿的隐私，又通过设计让整个空间看起来更加宽敞明亮。便器设计得小巧玲珑，模样可爱至极，高度适中，契合幼儿的身高和腿部高度。小悦悦轻轻松松就能坐下，双脚稳稳地踏在地上。便器旁还贴心地安装了安全扶手，妈妈在一旁始终温柔地鼓励着小悦悦："宝宝别怕，慢慢坐上去，你看，就像在家里一样舒服呢。"妈妈的声音轻柔而坚定，给予小悦悦无尽的勇气。小悦悦在妈妈的全程陪伴下，第一次在早教机构的卫生间里顺利完成了如厕。

三、思考

"宝宝屋"的卫生间严格依据幼儿活动场所设计原则，以婴幼儿为中心，全方位、多角度地精心雕琢每一个细节，以幼儿需求、幼儿发展为优先，将平凡的卫生间打造成了一个功能性与教育性有机融合的友好卫生间。

从空间布局来看，卫生间的空间布局充分考虑到了婴幼儿好动、好奇、注意力易分散的活动特点，每一寸空间都被赋予了最大的价值。各个功能区域划分得井井有条，专门设置了宽敞明亮的洗手区、舒适便捷的如厕区以及整洁干净的清洁区，彼此之间既相对独立，又紧密相连，形成一个有机的整体。洗手池的高度经过反复测试与精细调整，既方便婴幼儿自主站立洗手，又能和成人同步盥洗，在模仿中习得洗手的经验。墙上形象生动的卡通图案和提示贴纸，背后都蕴藏着教育的深意，默默地发挥着环境提示作用，引导幼儿正确洗手。

这间婴幼儿友好卫生间完美诠释了功能性与教育性的有机融合。它不仅出色地满足了婴幼儿的日常卫生需求，还潜移默化地培养他们良好的卫生习惯和自我服务能力。

小小建筑师

——建构与运动的奇妙融合

普陀区宜川一村幼儿园　顾雯卿

一、背景

在"宝宝屋"内，一个去边界化的空间环境正悄然孕育着无限可能。这里没有了传统意义上的固定区域划分，宝宝们可以自由地在各个角落探索、玩耍。积木、软垫、平衡触觉板等元素被巧妙地布置在空间中，为宝宝们提供了一个既安全又富有挑战性的游戏环境。在这个充满创意与自由的空间里，宝宝们正自发地进行着一场建构与运动的融合探索。

二、实录

伊伊（23个月）在"宝宝屋"里自由玩耍时，偶然发现了散落在地上的彩色砖块积木。于是充满好奇的伊伊蹲下身，用手触摸每一块积木，拿起又放下，感受它们的质地和重量，随之她又尝试着搬动积木，小心翼翼地将它们一一放置在地垫中间的位置。随着彩色砖块积木的增多，"小桥"逐渐延长，最终连成了一条长长的彩虹桥。伊伊看着自己的杰作，脸上洋溢着自豪的笑容。

在教师的鼓励下，她勇敢地迈出了第一步，小脚踏上这条由积木铺成的道路，小心翼翼地走在"小桥"上。过了片刻，她开始在桥上走来走去，时而跨步，时而跳跃，时而转身，她的大肢体动作在这个过程中得到了充分的锻炼和发展，身心也沉浸在无比的愉悦之中。

随着游戏的深入、尝试的次数增多，伊伊越来越熟练，她开始尝试搬运更多积木，甚至根据自己的需要自由调整小桥的位置和形状，创造出不同的路径。她将小桥搭建成一个弧形，又将它拉直成一条直线，享受着不断调整带来的新鲜感和挑战。

在一旁默默观察的教师充分尊重和理解伊伊的行为，时不时发出惊叹声，为伊伊喝彩。当伊伊遇到困难时，教师也会轻轻提醒或给予帮助，让她在自主建构探索中不断体验成功所带来的快乐。

三、思考

我们可以看到去边界化的空间环境在婴幼儿发展中的重要作用。伊伊的大动作肢体得到了充分的锻炼，她尝试控制自己的身体平衡，协调双手和双脚的动作，以及在不同的空间场景环境中灵活移动。同时，在建构游戏中，她通过观察、触摸和尝试，逐渐形成了对空间的初步感知，尝试根据积木的大小和形状来搭建比较稳定的小桥。更重要的是，去边界化的空间环境激发了伊伊的创造力和想象力，她不再局限于传统的建构游戏，而是将建构与运动相结合，创造出属于自己的游戏方式。

此外，教师的引导和鼓励也起到举足轻重的影响，我们应基于幼儿的视角，充分尊重和理解幼儿的探索行为，给予他们足够的自主探索空间和时间，更好地满足他们的各种需求。

"小人"的绘梦空间

——"悦读小书屋"里的欢乐时光

普陀区宜川一村幼儿园　顾雯卿

一、背景

"悦读小书屋"不仅融合了阅读角与娃娃家区域，还通过一系列精心设计的细节，将两者巧妙地联结在一起，为幼儿打造了一个既适合阅读又适合玩耍的温馨环境。色彩柔和的墙壁上挂着可爱的绘本封面和动物头像，低矮的书架上摆满了适合幼儿的绘本。娃娃家区域则紧挨着阅读角，布置得像一个温馨的小家，有舒适的沙发、小床、玩具、餐具等，为幼儿提供了一个可以尽情玩耍和模仿大人生活的空间。

二、实录

娜娜（22个月）走进了"小书屋"。她首先被阅读角里一本封面绘有可爱小动物的绘本深深吸引。娜娜踮起脚尖，努力从书架上抽出这本书。这是一本关于小动物们一起玩耍的故事书，画面温馨而生动。娜娜坐在阅读角柔软的地垫上，开始翻阅起来。绘本里的小兔子和她一样穿着粉色的衣服，这让娜娜感到非常亲切。她一边看，一边模仿小兔子的动作，不时发出"咯咯"的笑声。

看了一会儿绘本后，娜娜决定在娃娃家区域里重现绘本里的故事场景。她拿起娃娃家里的玩具动物们，模仿绘本中的小动物们一起玩耍。她用小手轻轻地抚摸玩具动物，温柔地跟它们说只有她自己听得懂的话。娃娃家里的其他玩具也成了她故事中的角色，娜娜一会儿让小熊去烧菜，一会儿让小猴子去摘果子，一会儿又让小猪去睡觉，玩得不亦乐乎。

随着时间的推移，娜娜越来越喜欢"悦读小书屋"。她不仅在这里阅读绘本、玩耍，还常常让教师、妈妈一起参与进来，一起阅读故事书，穿梭在娃娃家和阅读小书屋之间，扮演着绘本中的角色，享受着师幼、亲子共读的乐趣。

三、思考

"悦读小书屋"充分考虑了幼儿的成长需求。

1.温馨与舒适：整个空间以柔和的色调和温馨的布置为主，为幼儿提供了安全、舒适的成长环境。这有助于培养幼儿的归属感和安全感，促进他们的情感发展。

2.融合与联结：阅读角与娃娃家区域的融合设计，使得两个空间在功能上相互补充，在情感上相互联结。这不仅丰富了幼儿的活动体验，还促进了他们认知、语言和社交等多方面的发展。

3.适宜性与可探索性：绘本故事书的适宜投放和取用设计，使得宝宝能够根据自己的兴趣和需求自主选择阅读材料。同时，娃娃家区域的玩具具有一定的可探索性，鼓励幼儿通过动手操作来学习和发现。

4.亲子互动与陪伴："悦读小书屋"不仅是一个幼儿自主活动的空间，更是一个兼顾师幼、亲子互动和陪伴的场所。成人可以与幼儿一起阅读故事书、扮演角色，共同享受阅读时光，增进彼此的关系。

"宝宝屋"里的"悦读小书屋"空间环境创设充分考虑了幼儿的情感需求。温馨、舒适的环境氛围以及丰富的绘本和玩具资源，让幼儿感受到了家的温暖和安全感，有助于培养幼儿的情感发展和社会交往能力，为他们未来的成长奠定坚实的基础。

连通空间，助力婴幼儿全面发展

上海市儿童世界基金会普陀幼儿园　蒋敏玮

一、背景

"宝宝屋"是婴幼儿探索世界、学习成长的起点，其环境的连通性和安全性对婴幼儿的健康发展至关重要。在与教师的沟通中发现，"宝宝屋"内部的环境是敞开式连通的，内部与外部的连接也是半敞开式的。当不同的活动展开时，空间能充分合并、利用，通过合理的空间布局和设施配置，为婴幼儿创造一个更加安全、便捷、舒适的活动空间。

二、实录

豆豆（20个月）像往常一样，在外婆的陪伴下走进了"宝宝屋"。豆豆首先来到了离门口最近的滑滑梯区域，这是他最喜欢的地方。滑滑梯的区域铺着软垫，小滑梯设计得既安全又有趣，滑梯的坡度适中，底下还有小山洞可以钻。豆豆兴奋地爬上滑梯，嗖的一声滑了下来，脸上洋溢着满足的笑容。

玩了一会儿，豆豆又来到了美工区，他选择了涂鸦板，和教师、同伴一起涂鸦。一会儿，他又来到了建构区，拿起了积木进行搭建，玩得不亦乐乎。在听到教师召唤喝水时，豆豆来到了水杯置物架前，拿取水杯自主喝水。之后，豆豆穿过宽敞明亮的过道，一路小跑来到了娃娃家，拿起小锅、小铲，模仿大人的样子做饭、炒菜，和同伴一起吃饭。

玩了一会儿，豆豆停了下来，他的眼睛不停四处张望。教师走过去询问："豆豆，怎么了？"豆豆说："我想外婆了，我的外婆呢？"这时候，外婆从围栏外听到豆豆与教师的对话，马上说："豆豆，外婆在这里哦，你自己玩哦，我陪着你。"豆豆便安心了，立刻投入到游戏中去。

三、思考

家庭和托幼机构要为婴幼儿创设一个整洁、有序、规律和充满感知运动刺激的物理空间，让婴幼儿在与环境的相互作用中得到全面均衡的发展。"宝宝屋"的空间设置，为婴幼儿营造了良好的成长环境。

1. 连通的空间，支持婴幼儿自主发展

"宝宝屋"的连通式设计有助于婴幼儿在探索世界的过程中能够自由地穿梭于各个区域，促进幼儿的探索欲望。当婴幼儿进行集体活动时，"宝宝屋"的桌子等能随时进行移动，一屋多利用，让婴幼儿能够在安全、舒适的环境中自由活动。"宝宝屋"内的各个活动区域布局合理，宽敞明亮，连通性与安全性得到了充分体现，各个游戏区域之间以通道相连，形成了一个整体和谐的空间布局。连通的环境确保了婴幼儿在活动中的舒适性和自由度，促进了他们之间的交流和互动。

2. 半开放式隔断设计，满足婴幼儿情感需求

婴幼儿在离开家人或者是离开熟悉的教养人时往往会出现较大的情绪波动，也就是我们俗称的分离焦虑。半开放式的隔断设计很好地缓解了婴幼儿的分离焦虑，既有效设置了活动的空间场所，又利用围栏加强了区域之间的通透感，让在里面活动的婴幼儿能看见区域外的家长，也能让家长随时关注到婴幼儿的情况，当婴幼儿有情绪波动时迅速给予安抚，同时又不影响婴幼儿的独立游戏。

3. 安全的环境，保障婴幼儿健康成长

"宝宝屋"在安全性方面也做得非常到位，无论是水杯置物架的高度和边缘处理，还是通道上的防滑地垫和游乐设施的安全防护，都充分考虑了孩子们的安全需求，不仅让孩子们在玩耍时更安全，也让家长们更安心。

桌椅地面巧融合，打造幼儿无忧小天地

普陀区宜川一村幼儿园　张妍敏

一、背景

随着不断推进托育服务的高质量发展，社会对于各区的早教中心有着更高的要求。不仅需要内部环境宽敞明亮，设施配备较为齐全，而且建构布局还要符合幼儿年龄特点，方便他们自发探索周围世界。因此，在日常的教学活动组织过程中，我们逐渐发现传统单一利用空间的方式，难以充分挖掘出各种活动对于孩子们的教育潜能。

就拿桌椅来说，以往仅仅是作为孩子们坐下来听故事、做手工的家具，而地面更多的是供孩子们行走、玩耍的区域，彼此之间缺乏有机整合与深度利用，未能形成一个联动且高效的教育空间。同时，观察到孩子们在学习与探索过程中，其实对于不同维度的空间有着天然的好奇与探索欲望，简单平面化的活动开展方式已不能满足他们多元化发展的需求。

为了更好地发挥环境的教育功能，提升每一次活动对于孩子们在认知、身体协调、社交互动等多方面能力培养的效果，我们决定尝试打破常规，将桌椅、地面进行整合利用，期望打造出更具趣味性、互动性和教育价值的活动场景，让孩子们能够在全方位的空间体验中更快乐、高效地学习与成长。

二、实录

走进"宝宝屋"，可以看到桌椅错落有致地分布在各个区域，形成了一个个小小的活动区域。进行积木搭建的玲玲（24个月）正坐在桌旁，将五颜六色的积木在桌面上堆高。当搭到第四层时，她不小心将积木碰倒了，积木噼里啪啦掉在了铺着漂亮软垫的地面上。玲玲看着满地的积木，慢悠悠从椅子上爬下来，趴在了地面上又开始了积木搭建。

此时，玲玲好像发现了更有趣的游戏，她不停地从桌子上搬积木到地面，不一会儿，地上就撒满了不同颜色和形状的积木。

"玲玲，你在干什么呀？"

"我是搬运工。"

"那搬下来的积木有什么用呢？"

"搭宝宝的城堡。"

"那等你搬好了，我们一起搭城堡吧。"等到玲玲把积木都搬完之后，教师和她一起坐在了地垫上，开始搭建她心中的大城堡。地面上原本零散的积木逐渐汇聚起来，玲玲开心地喊着："宝宝的城堡搭好啦！"

三、思考

我们打破传统规整排列桌椅的模式，采用错落有致的分布形成多个活动区域，这一设计极具巧思。对于 24 个月的玲玲而言，这种开放式空间如同一个充满无限可能的探索乐园。她能够自由穿梭于各个区域，轻松接触到积木搭建区，自主选择坐下玩耍，空间上没有过多限制与束缚，激发了她主动参与活动的热情，为其自主性探索提供了物理基础，让她在心理上也感受到自由探索被允许、被鼓励。

当发现玲玲搬运积木的行为时，教师温和地进行询问，没有制止或强行纠正，既保护她当下的探索热情，又通过对话引导她思考积木的用途，将她的自发行为串联到搭建城堡的目标上，最后还和她一起坐在地垫上参与共建，强化了师幼互动。成人此时是观察者、引导者、参与者，精准把握介入时机，顺应玲玲的兴趣，巧妙延伸活动深度，为其专注力、合作力发展搭建了有效支架，让玲玲在自主愉悦的氛围中收获成长。

第二章
材料篇

看！这是我的串串
——探究串珠材料的多样性
上海市实验幼儿园　顾倩文

一、背景

　　串珠活动作为一种深受婴幼儿喜爱的游戏形式，不仅能够有效地促进婴幼儿精细动作技能的发展，还能够显著提升他们的手眼协调能力。年龄在 2 至 3 岁之间的婴幼儿正处于手部肌肉快速发展而手眼协调能力相对较弱的关键阶段，为了适应这一阶段婴幼儿的发展需求，我们精心准备了适合他们的串珠材料，包括各种食物珠子、大型塑料珠子，以及用于穿珠的小木棒和扭扭棒。这些材料形状多样，色彩丰富，能够吸引婴幼儿的注意力，激发他们的兴趣，使他们在游戏的同时，不知不觉提升动手能力和协调能力。

二、实录

　　黄黄（男，18 个月）独自一人坐在建构区的地毯上，面前散落着各种形状、颜色的蔬菜串珠和几根不同粗细的木质棒。他拿起一根较粗的木棒，尝试将一块红色条纹的肉肉串珠穿上去。由于串珠孔较小，木棒较粗，他尝试了几次都没有成功，小眉头都皱了起来。这时，他灵机一动，用他小小的食指去捅串珠的孔，然后用拇指和食指一起把串珠往木棒上推。经过几次尝试，他终于成功地将一块红色条纹的肉肉串珠穿在了木棒上，兴

奋地发出"嗯嗯"的声音，并用小手拍打着木棒，脸上洋溢着成功的喜悦。接下来，他开始尝试将其他颜色的蔬菜串珠穿在木棒上，如黄色的烤鱼串珠、橘色的胡萝卜串珠，以及紫色的茄子串珠。他按照自己的喜好将这些串珠一个接一个地穿在木棒上，逐渐形成了一串色彩斑斓的"蔬菜串"。

花花（女，30 个月），一只手捏住了紫色的串珠，另一只手则紧紧抓住了扭扭棒离紫色串珠较远的一端。她尝试想要把扭扭棒穿过串珠，但是三次都以失败告终。第四次，她改变了策略，捏住了扭扭棒离紫色串珠较近的一端，成功将扭扭棒穿过了紫色串珠（但没有拉的动作）。随后，花花似乎并不满足，还想将扭扭棒的另一端也穿过串珠，然而由于刚刚成功穿过的一端并没有被完全拉出来，她尝试了两次，扭扭棒并没有像她期望的那样穿过紫色串珠，反而紫色串珠掉了。

三、思考

基于儿童发展优先，我们精心挑选了不同质地、颜色和形状的串珠，以适应不同年龄阶段婴幼儿感官发展的需求。例如，对于年龄较小的婴幼儿，我们提供较大且易于抓握的串珠和硬质的木棒，以帮助他们发展手部肌肉和精细动作技能。而对于年龄稍大的婴幼儿，则引入更多样化的串珠，如带有不同纹理和颜色的串珠、不同颜色的扭扭棒，以促进他们的视觉辨识能力和审美感知。

在观察和记录婴幼儿使用串珠材料的过程中，我们发现他们对于材料的探索不仅仅局限于穿珠这一动作。例如，黄黄在成功穿好一串蔬菜串珠后，开始尝试将串珠从木棒上取下来，然后又重新穿上去，反复多次。这种重复性的动作表明婴幼儿在通过串珠活动进行自我探索和学习，通过实践来理解物体之间的关系，如串珠与木棒之间的空间关系，以及不同串珠之间颜色和形状的对比。此外，他们还通过触觉、视觉和动作的协调来加深对材料特性的认识。

通过串珠活动，我们还注意到婴幼儿不仅在动手能力上有了显著的提高，而且在解决问题、坚持到底的意志力方面也得到了锻炼。例如，花花在面对穿珠失败时，并没有轻易放弃，而是尝试了不同的方法。这种坚持不懈的精神，正是我们希望在早期教育中培养的。

在早期教育活动中，材料的选择需依据婴幼儿的年龄特点和发展需求，目的是激发婴幼儿的感知能力，并满足其活动需求。串珠材料的使用有助于提升婴幼儿的空间认知能力及手眼协调性。为了适应婴幼儿的成长，我们提供了与玩具材料互动的机会，使婴幼儿在游戏环境中发掘其潜能。在选择和提供材料时，我们注重婴幼儿的实际能力，并根据需要灵活调整，以增强教具的教育意义。同时，我们还应关注材料的开放性、生活化、个性化、教育性等方面，使材料更适宜于婴幼儿的发展需要，也更有效地促进婴幼儿自然、和谐、充实地发展。

哪儿都有的蔬果切切乐

——探索材料交叉重组的多重用途与跨区互动

普陀区豪园幼儿园　张晶晶

一、背景

"蔬果切切乐"以鲜艳的色彩、有趣的结构造型且来源于熟悉的生活，成为最受孩子们喜爱的"娃娃家"游戏材料之一。该材料通常由塑料或木头制成，安全无毒，易于清洁。蔬果切切乐能够被一分为二，模仿真实的切割动作，并通过特殊的连接方式（如磁铁或搭扣）重新组合在一起。切开后的横截面设计逼真，展示了蔬果内部的果核、种子或纹理。孩子们可以通过模拟"切"的动作来发展精细动作技能与手眼协调能力，还能帮助孩子们认识不同蔬果的内部构造，在玩乐中学习生物学和自然科学的基础知识。

但是我们经常会发现蔬果切切乐这一材料会出现在"娃娃家"之外的其他活动区域中，是孩子们随手带到其他区域后丢放在那儿的，还是……？

二、实录

天天（男，17个月）每周固定参与"宝宝屋"活动2—3次，对于"宝宝屋"里投放的环境与材料较为熟悉。某日，天天进入娃娃家开始"烧饭"，把蔬果切切乐一个个放进小碗里，很快小碗就装满了，蔬果撒落到桌面上。天天想要把蔬果重新摆放到小碗中，但是蔬果又滚落回桌面。尝试了几次后，天天双手各拿着一个蔬果切切乐离开娃娃家，径直来到了运动区。

运动区旁边放着一辆木质小推车，天天把手里的蔬果切切乐放进小推车中，随后往返娃娃家和小推车之间，把更多的蔬果装进小推车。接着，他又尝试着把装有蔬果的小推车沿着较为低矮的攀爬组合的坡面推上去，但由于车身较为巨大，在经过两次用力推挤后，天天可能察觉到以自己的力量无法将车推上坡，于是又从小推车里抓起

蔬果切切乐，自己从攀爬组合的侧面，通过平缓的三格楼梯来到攀爬组合的顶部。天天站在平坦的顶部，高兴地举起手里的蔬果，得意地看向在一边观望的奶奶。

天天又来到和娃娃家相邻的阅读区，被地毯上的一筐蔬果切切乐和塑料小刀吸引了注意力。他坐在阅读区的地毯上玩起了切蔬果的游戏，切开后观察蔬果横截面。当天天发现在一旁的从业人员手中的《来，闻闻水果的味道》绘本里也有许多的蔬果后，非常感兴趣地拿起了手里的柠檬放在绘本前比

画着,指着绘本中柠檬的图片。在从业人员的提示下,天天发现绘本中的柠檬,和他手中切开的半个柠檬的横截面很相似。天天又试着把柠檬切切乐合并后再切开,拿着切开的横截面在绘本上观察对比。

三、思考

"蔬果切切乐"作为多功能材料,在不同区域中被赋予了多种用途——从烹饪道具到运输物品再到学习工具。通过交叉重组材料,幼儿可以在同一材料上进行多维度的学习,这种灵活性不仅丰富了幼儿的游戏体验,还促进了他们在动作技能、认知理解和语言表达等多方面的发展。

提供开放性的环境和可自由重组的材料,鼓励幼儿按照自己的节奏进行探索,满足其好奇心和学习需求,这有助于培养他们的自主性和解决问题的能力。在跨区域使用"蔬果切切乐"的过程中,天天的行为发生了显著变化:从最初在娃娃家中模拟烹饪,随后将其转变为运动区的运输物品,并最终在阅读区进行了自我引导式的学习。这一系列行为转变体现了幼儿在不同情境下的适应能力和创造力的增长。

为了更好地支持幼儿的发展,环境和材料的设计应当基于他们的兴趣点和学习阶段。例如,"蔬果切切乐"不仅满足了天天对于模拟现实生活的愿望(如烧饭),还帮助他在运动区探索物体的空间关系,以及在阅读区进行视觉匹配的认知练习。这些活动都符合0—3岁婴幼儿的发展特点,即通过直接经验来构建知识体系。成人可以通过展示相关的绘本引导幼儿进行更深入的思考,但不干预他们自己动手操作的过程。这种方式既尊重了幼儿的主体地位,也促进了其语言和社会情感的发展。

通过对"蔬果切切乐"在跨区域中的交叉重组的互动引发的幼儿行为变化,可以看出当环境和材料的设计充分考虑到幼儿的真实需求和发展规律时,能够为幼儿提供一个充满探索、学习和成长的空间,从而有效地促进其身体、认知、语言和社会情感等多方面的发展。

一起来玩滑滑梯
——探索运动材料的多元玩法
普陀区万里城实验幼儿园　吴玲丽

一、背景

0—3岁婴幼儿正处于快速发展的时期，他们对周围环境充满好奇，喜欢探索和尝试新事物。"宝宝屋"的运动区设置了多种类型的活动器材，包括小型滑滑梯、积木、平衡木、隧道等，旨在为幼儿提供丰富的运动体验和探索机会。滑滑梯作为一种常见的幼儿游戏器材，深受幼儿喜爱，它可以促进幼儿的大肌肉运动发展，提高幼儿的平衡能力和协调能力。

二、实录

运动区里，辰辰（男，25个月）和西西（女，30个月）正在玩小型滑滑梯。辰辰扶着滑梯的扶手，一步一步地走上台阶，然后滑下来。他每次滑下来后，都会爬回台阶顶端，继续专注地重复这个简单的动作大约五次。

西西则先爬上滑梯，然后滑下来。之后，她拿起旁边的小皮球，尝试着将皮球从滑梯顶端滚下来，观察皮球滚动的轨迹。她又捡起几个海洋球，也从滑梯顶端滚下来，观察海洋球滚落的速度和方式，并且发出"咚咚咚"的声音模仿着海洋球滚动的声响。她还尝试着将皮球和海洋球一起从滑梯上滚下来，观察它们是否会互相碰撞。玩了一会儿之后，西西走到辰辰身边，指着滑梯对辰辰说："你看，球球也可以滑下来！"辰辰看着西西的动作，眼神中似乎流露出好奇的神情，但他并没有模仿西西的动作，继续自己爬上滑梯，然后滑下来。

三、思考

　　0—3岁婴幼儿通过探索和尝试新事物发展认知能力，不同年龄段婴幼儿在运动能力和认知能力上存在一定的差异。西西尝试将不同类型的物体进行组合，观察它们相互作用的结果，这说明她的探索欲和好奇心较强，认知发展水平相对较高。辰辰专注于重复单一的游戏行为，这说明他的认知发展水平目前还停留在对简单动作的重复和模仿阶段。对于大月龄的婴幼儿，应提供更具挑战性和趣味性的游戏材料，以促进其发展。对于小月龄的婴幼儿，应关注其基本动作技能的掌握，并提供安全、简单的游戏环境。照护者在指导活动时需要更加注重其年龄特征，做到因材施教。

　　为了促进辰辰的大肌肉动作发展以及探索能力，可以增加一些辅助性器材。例如，在滑梯旁放置一些柔软的垫子，鼓励他尝试从不同高度滑下，感受不同的速度和刺激。同时，照护者可以引导辰辰观察西西的游戏方式，并鼓励他尝试新的玩法，如可以轻声对他说"西西把球球放在滑梯上一起滑下来，我们也试试看吧"，引导他学习模仿；还可以逐步引导他探索不同的玩法，如鼓励他从滑梯上往下扔球，再在滑梯底端捡起球，循序渐进地提高其运动技能及认知能力。

　　室内运动区提供的多种游戏材料为幼儿提供了充分的运动和探索机会，也促进了幼儿之间的互动和合作。多元的材料及组合，为幼儿提供了更多元的感官刺激和发展空间，能让孩子们在快乐的游戏中健康成长。

大象来做客

——生活化材料促进交往经验

普陀区万里城实验幼儿园　吴玲丽

一、背景

在"娃娃家"环境的创设中，为宝宝创设一个具有安全感的、有"家"的特质的环境，让孩子随心所欲、自由自在地游戏，有助于幼儿的知识与技能、情感与态度得到全面的发展。"宝宝屋"里投放了厨房、客厅、卧室用品、煤气灶、炒菜锅、微波炉、玩具蔬菜水果、小碗和杯子、沙发、小床、娃娃等，这些生活化的材料容易帮助孩子回想起和材料相关的生活经验，在真实材料的激发下自然投入到游戏中。

二、实录

希希(男,25个月)正在参与娃娃家游戏。在娃娃家客厅的餐桌上摆放着一套茶具，四大一小共五个杯子。希希一抵达娃娃家，便径直选择了颜色鲜亮、造型逼真的杯子进行游戏。他从厨房找来一把红色小勺子放入其中一个小杯子，学着大人的模样搅拌了几圈。之后又去置物架的篮子里找出玩具香蕉、草莓，把两种食物分别塞进了其他两个小杯子里。这时，有幼儿陆续来到了"宝宝屋"，门口的动静吸引了希希的注意，他转身离开了娃娃家，向阅读区走去。

希希来到阅读区，被一只可爱的大象吸引住了，急急忙忙扑过去抱起了大象，紧紧地搂在自己怀里，抱着大象一起回到娃娃家。杰卡（女，24个月）也被大象吸引了，但是她不知道怎么参与游戏。一旁的教师递给杰卡一根玩具胡萝卜，杰卡立刻送给大象吃。嘟嘟（男，26个月）看到大象在吃胡萝卜，他用小手摸了摸大象的鼻子。看到桌上有一个杯子，马上拿起杯子送了过去，嘴里说着"喝水"，把大象的鼻子放在杯子里咕噜咕噜喝起了水。希希马上学着嘟嘟的样子，急忙把香蕉从大水杯里拿出来，端着杯子也送到了大象的鼻子边，让大象把鼻子伸进杯子里喝水。大象喝完一杯后，希希又从桌子上拿了一个小杯子，又让大象喝了一杯水。希希做完这些事情后，带着吸完水的大象表演了喷水和转圈圈的动作。

三、思考

生活经验是游戏的延伸点，反映现实生活。在娃娃家游戏中，孩子们通过模仿大人的行为（如搅拌、喂食等）来学习社交技能。

我们还可以利用厨房用具及仿真食物，进一步引导婴幼儿玩娃娃家游戏，鼓励婴幼儿模仿照护者的动作，做饭给小娃娃或者小动物吃，边玩边说为小娃娃或者小动物做了哪些好吃的食物，满足婴幼儿角色扮演的兴趣。同时，照护者可以播放一些与娃娃家有关的游戏歌曲，用以营造良好的游戏氛围。

照护者要转变角色，以游戏伙伴的身份参与游戏，体验婴幼儿的游戏世界，理解并接受婴幼儿游戏中的交往规则，在与婴幼儿共同游戏的过程中，与婴幼儿构成平等关系，实现对婴幼儿游戏的"隐性"指导。

还可以这样玩

——EVA 砖块积木的多样性玩法

上海市实验幼儿园　王　怡

一、背景

EVA 砖块积木是一种安全、环保的积木玩具，具有柔软、防水、耐用等特点，它可以设计成各种形状和颜色的建筑物，满足不同的搭建需求，因此常被作为建构玩具使用。EVA砖块积木操作简单，玩法多样，适宜0—3岁宝宝抓握游戏，能有效促进宝宝的手眼协调发展，激发创造力和想象力。

二、实录

跳跳（男，35个月）从建构区材料柜里拿了许多EVA砖块积木，把积木横放着连接在一起，放了三块后，跳跳跪坐在积木上，拍了拍说："软软的。"

跳跳从积木堆上跳下来，开始把更多的积木块拼接起来。他把四块积木凑到一起，说："要挤得紧紧的。"跳跳抓着积木的边，努力把它们对齐，然后沿着边把它们排得整整齐齐的。教师问："四块够了吗？要不要再加一块？"跳跳又拿了一块积木，接着往后面拼，一边拼一边说："要挤得紧紧的！"

跳跳又拿了一些积木，一块一块往上堆。堆了三块之后，他在两端各放了一块红色的积木，然后继续往上堆。堆到比自己还高的时候，他就再也堆不上去了。跳跳开心地指着积木说："这是房子！"

"砖头房子"和"砖头桥"之间还有点距离，跳跳就跑去拿了更多的积木，想把它们连起来。跳跳站在"桥"的一边，说："我要跨过去。"他一边说一边抬起一条腿，跨过了"砖头桥"。跳跳走上"砖头桥"，站在"砖头房子"前，发现自己和"砖头房子"一样高。跳跳开心地转过身，在"砖头桥"上走来走去。

三、思考

EVA 砖块积木作为一种低结构材料，具有很高的可玩性，能够满足宝宝日益增长的好奇心和探索兴趣，促进宝宝精细动作、粗大动作、感知发现、想象表现等多领域的发展。

EVA 砖块积木多彩鲜艳，表面柔软、粗糙且富有弹性，能丰富宝宝的感知觉体验。宝宝可以利用积木通过垒高、平铺等方式积累建构经验，在建构中尝试解决问题，丰富认知、想象、排列、归类等多种经验。

在建构的基础上，宝宝们还可以与材料进行更多互动，比如在用砖块搭建的桥上进行跳跃、行走或跨跳，这些活动不仅能够带来乐趣，还能有效地促进宝宝大肌肉动作的发展。

EVA 砖块积木还可以被用于角色游戏，如尝试用围合建构方法给小动物造房子等。家长也可以和宝宝一起用砖块积木进行各种互动游戏，不仅能够锻炼想象力和创造力，还能加深情感联系，共同享受亲子时光。

天生小画家

——不同月龄宝宝对同一游戏材料的多样玩法

上海市实验幼儿园　杨怡鸣

一、背景

儿童水画布由特殊的布料制成，表面可以用水进行绘画创作，遇水后会显示出预先设置的颜色和图案（如绿色、粉色、彩虹等）。随着时间的推移，水分蒸发后，画布又可以恢复到初始状态，从而可以反复使用。通过装水的容器、印章、塑料图形临摹板等材料可以在画布上进行组合游戏。

二、实录

瞳瞳（女，20个月）发现了美工区的魔法画布，便拿着印章在魔法画布上反复摩擦。无论瞳瞳多么用力，画布上没有出现任何痕迹。于是，瞳瞳毫不犹豫地更换了一个印章，执着地继续在画布上摩擦。然而，结果依旧。瞳瞳满脸疑惑地拿起印章，仔细看了一眼，很快又低下头，继续在画布上来回涂鸦。瞳瞳一边观察着桌子上摆放的各种材料，一边仍旧执着地做着反复摩擦的动作。

瞳瞳不小心打翻了装水的小碟子，一下子好像发现了魔法画布的秘密，用手掌按在水里，左右摩擦画布。看到手掌终于涂抹出不同颜色，瞳瞳笑了起来。

跳跳（男，35个月）一到画布前就用印章在印台里蘸了一下，然后把印章压下去，稳稳提起来，一个完整的图案就留在了画布上。跳跳不满足于印压，开始尝试把自己的手掌当成大印章，在画布上印出了一个个有趣的手掌印。不仅如此，跳跳突然把水倒在了画布上，伸出一根手指蘸着画布上的水开始勾勒线条。跳跳这一独特的玩法吸引了同月龄的状状（男，35个月）的注意。状状好奇地凑了过来，跳跳热情地接过状状手中的小火车，然后把小火车放在魔法画布上，就像在指挥小火车进行一场特别的旅行。小火车缓缓驶过那片像小池塘一样的水渍，印出了两条细细的车轮印。看到跳跳这样有趣的玩法，状状也被感染了，他们两个就像一对默契的小伙伴，一起在画布上印出了更多各种各样的印迹，仿佛在共同绘制一幅充满想象的画卷。

三、思考

在"宝宝屋"这个充满欢乐和惊喜的小天地里，有许多"特别"的玩具材料。就像这块魔法水画布，对于宝宝们来说，这是一种不常见的新奇玩具。

我们充分尊重幼儿自主探索的权利，当宝宝们看似"捣蛋"地把水倒在水画布上时，也是幼儿在进行自主探索。两次倒水都激发了不同年龄的独特创作，而我们"不急于介入或干扰幼儿的活动"，给予了幼儿自由尝试的机会。如果成人过早介入，幼儿可能会依赖成人的指导，破坏幼儿的专注和按照自己节奏学习的过程，从而失去独立探索自我能力边界的机会。

对于水画布这样相对安全的材料，可以让幼儿有更多决策权，如使用哪些工具、从哪里开始创作等，这种自主决策的机会能够让幼儿感受到自己的主体地位，培养他们的自主决策能力。基于儿童发展优先理念，我们引导幼儿感受自己是有能力的、可以掌控事物的个体，尊重幼儿的主体意识。

"宝宝屋"可以多多提供这样不常见的玩具，给幼儿创造更多探索和艺术表达的机会，就像在他们面前打开一扇扇通往神奇世界的大门，让他们在充满乐趣的探索中茁壮成长。

小积木，大讲究

——不同月龄幼儿对木制积木的使用

上海市实验幼儿园　潘　琪

一、背景

木制积木是幼儿生活中最常见的玩具，它结构稳定、不易损坏，经得起幼儿随意玩耍；木制积木环保安全，有着天然的纹理，能够给幼儿带来亲近自然的触感和体验，能促进幼儿开展安静、持久的游戏；木制积木的简单性和开放性适合幼儿玩整个童年，低龄启蒙和大月龄宝宝都能找到自己喜欢的玩法。幼儿与

木制积木的互动过程能促进自身手眼协调能力与精细动作发展，同时也能锻炼幼儿的专注力。

二、实录

茜茜（女，17个月）先抓起一块方形的木制积木放在地上，然后又抓起一块同样的积木直接放在第一块积木上，但是没有对准，积木的接触面太小，掉在了地上。接着她又抓起另一块积木重复了前面的动作，几次重复后，3块积木歪歪扭扭地立在那里。她果断地伸出手把积木推倒，当听到积木倒地的声音，她看了一眼妈妈说："倒。"妈妈附和道：

"倒。"接着茜茜又开始了尝试，她把身边最近的几块积木一块块垒在一起，这次的垒高行动比前一次迅速，很快垒起了4块积木。这次她依旧毫不犹豫地把它推倒并重复："倒。"如此垒高、推倒三次后，茜茜把积木留在地上，离开了。

跳跳（男，35个月）熟练地将5块木制积木排成一排平铺在地上，接着又将4块积木叠在上方，他一边搭一边仔细调整着，努力让积木之间不要有缝隙。随着层数的上升，积木的数量逐渐变少，很快一幢房子形状的建筑初见雏形，他指着房子认真地说："我的家搭好了。"接着他又拿起积木一块块平铺在房子周围，他搭得很谨慎，每搭一块都要停下来确认和前一块之间有没有缝隙，如果有缝隙，他会小心翼翼地移动积木，调整位置。小路越铺越长，已经超过垫子的长度了，他依旧没有停下来，直到所有方形积木都用完。他满意地欣赏着自己的作品，开心地说："好长啊！"然后他拿起了3块圆柱形的积木，立着放在小路边，他说："灯。"整个搭建过程持续了5分钟。

三、思考

经常听到有家长询问："我家宝宝对积木不感兴趣，一直推倒，怎么办？"对于茜茜这样小月龄的宝宝来说，抓握、敲击、推倒都是她与木制积木互动的方式，幼儿通过推倒积木感受自己的力量，从她反复尝试能看出她很喜欢这个充满成就感的动作，整个建构—推倒的过程是茜茜在探索积木和体验空间关系。当幼儿喜欢反复推倒再垒高时，我们应该尊重、满足他们的想法，重复行为是他们认识世界和积累经验的方法，在这个过程中茜茜的精细动作也得到了发展。

与小月龄的茜茜相比，大月龄的跳跳对于玩木制积木明显已经有了一定的经验，他的想象力也明显丰富很多。跳跳能够将自己的生活经验融进建构游戏中，大胆想象，他手中的房屋、小路、灯都是对真实世界的投射。跳跳能自由地利用垒高和平铺的方式操作积木，搭成他想要的形状，并进行命名。从他调整积木缝隙的行为可以看出，跳跳的手部精细动作发展较好，已经能够严密地将空间填合，对于建构有着自己的想法和理解。

在陪伴幼儿玩木制积木的过程中，要始终把儿童的发展需求优先放在第一位，追随幼儿的兴趣，接纳幼儿的态度。无论是哪个年龄段的幼儿，成人都要懂得放手，尽量做到陪同但不打扰，安静地欣赏和支持幼儿对积木的自主探索，让幼儿遵循自己的节奏，循序渐进发现积木的有趣。另外，这个年龄段的幼儿玩积木具有无计划、随意性的特点，当成人发现孩子对积木表现出没有兴趣的情况时，不要强迫幼儿按照成人的计划进行搭建，应该支持幼儿的选择，可以与他一起把积木整理好再离开。

小球出现在哪里？

——材料交叉重叠使用促幼儿多样探索

普陀区豪园幼儿园　陈　菊

一、背景

球是幼儿非常熟悉的玩具。首先，球的材质多样，如橡胶球柔软有弹性，适合宝宝抓握和投掷，不易造成伤害；泡沫球轻盈且质地软，常用于室内游戏，不会造成噪音和伤害；塑料球表面光滑，颜色鲜艳，易于清洗，可用于多种游戏场景；还有布艺球柔软舒适，适合幼儿抚摸和拥抱。其次，球的表面设计也颇具心思，有的光滑易于滚动，有的则带有纹理以增加摩擦力，便于幼儿抓握。另外，球的大小不同、功能各异、颜色丰富，是一种非常适合和幼儿进行互动的材料。

　　球在益智区、探索区和运动区的交叉使用，能促进幼儿多种能力的发展。在益智区，通过触摸和观察颜色，帮助幼儿的感官得到了刺激，有助于他们对颜色和形状的认知。在探索区，抓握、传递、放置小球等动作可以锻炼幼儿的手部精细动作技能，如手指的灵活性和协调性。在运动区，幼儿可以通过滚动、追逐小球等动作，锻炼身体的协调性和平衡感。

二、实录

　　在"宝宝屋"活动室里，浩浩（男，15个月）坐在木桌旁，小手轻轻触摸着桌上的彩色球，先拿起红色的球随意摆放，又拿起绿色的球碰一碰，一会儿又换成红色的球。浩浩拿着球无意识地摆放操作，兴趣浓厚。突然浩浩把手里红色的小球放在桌子上的红球旁边，一只小手用力抓住一个蓝色的球，另一只手握住黄色的球，眼睛在彩色球之间徘徊，最终将蓝色的小球放在蓝球旁边，黄色的小球放在黄球旁边。

　　不一会儿，浩浩带着小球来到了新的区域。该区域墙壁上安装了透明轨道，浩浩尝试将手中的彩色球放到透明轨道的洞洞中。但小球的尺寸偏大，放入透明轨道中容易堵住，不能沿着轨道掉落到下一个轨道中，浩浩就用手伸入轨道将球拿出。往复几次，浩浩小心翼翼地将球放入轨道起点，小眼睛紧盯着球，观察它如何沿着轨道滚动，球在轨道上滚动时，浩浩的手也随之移动。当球卡住不能滑动的时候，浩浩会用小手顶住小球，希望小球沿着轨道滚落下来。浩浩尝试将大球放入轨道时，发现球根本无法滚动，直接卡在了轨道的入口处，随即将球拿出。同时，在旁边游戏的幼儿使用了该区域箩筐里配套的小球，小球快速地沿着轨道滑落并顺利掉落到下一个轨道中，浩浩也开始尝试将箩筐中的球放在轨道上，观察小球的滚动变化。

探索完轨道后，浩浩双手拿着小球来到室内滑滑梯处，他慢慢走上滑滑梯，将两个小球放在滑滑梯的中间，用小手推动小球，小球从滑滑梯上滚下来，浩浩自己也从滑滑梯滑下来，去寻找滚落的小球，将它捡起后反复玩此游戏。

三、思考

15 个月的浩浩拿着小球在益智区、探索区和运动区交叉使用，具有多方面的发展益处，是一个非常可爱且重要的成长阶段表现。在材料的使用上，小球的交叉使用为浩浩提供了一个多维度的探索环境。在益智区，小球的颜色刺激了浩浩的视觉和触觉感官，帮助他发展了对颜色和形状的认知。在探索区，小球的不同材质和大小激发了浩浩的好奇心，他通过触摸和操作小球来探索和学习。在运动区，小球的滚动和追逐游戏锻炼了浩浩的身体协调性和平衡感。

在探索不同大小和材质的小球时，浩浩展现了对问题的敏感性和解决问题的初步能力。如面对尺寸偏大的小球无法顺利通过透明轨道的挑战时，浩浩没有立即放弃，而是通过反复尝试，用手取出球，并观察同伴的小球如何滚动。这种观察和模仿的过程，实际上是幼儿学习解决问题的重要步骤。浩浩通过自己的试错，逐渐理解了球的尺寸与滚落之间的关系。浩浩的游戏经历强调了在早期教育中，为幼儿提供丰富多样的材料和自主探索机会的重要性，这也是为他们打下了解决问题和认知发展的基础。

第三章
互动篇

家里的"圆圆"
——从生活材料与环境互动中探索发展之路
普陀区石岚新村幼儿园　赵洁珺

一、背景

　　1岁左右，幼儿就开始展现出对日常生活的好奇和探索欲望，2—3岁时这种欲望更强烈。大部分来到"宝宝屋"的幼儿正处于对新奇事物的探索阶段。而"宝宝屋"装扮类游戏环境创设了逼真的生活场景、熟悉的生活用品，支持每一个幼儿通过直接感知、亲身体验和操作摆弄来开展自主游戏，满足他们的自主性发展。

　　随着铭铭（25个月）自主生发的游戏情节"洗碗"的推进，教师通过互动进一步引发幼儿对环境中游戏材料的形状（圆形）的关注和认知，将"教养融合"的发展理念依托"宝宝屋"环境材料的有机渗透，促进每个幼儿获得全面和谐的发展。

二、实录

　　在装扮游戏的角落里，铭铭正站在水池边，小手沿着碗口认真地淘洗"家"里的碗。教师走近，问："铭铭，你在干什么呢？"铭铭未回应，继续专注洗碗。教师继续说："哦，我知道啦，铭铭在洗碗对不对？"铭铭回应："嗯！"铭铭洗完一些碗盘后随手一放，教师看着摇摇欲坠的盘子说："铭

铭把圆圆的碗洗好了，圆圆的盘子也洗好了。圆圆的，圆圆的，在一起……"教师边说边将圆形碗盘叠放起来。铭铭拿着盘子的动作迟疑，嘴里跟着嘀咕："圆圆的，圆圆的……"接着拿起洗好的方形托盘准备叠放，教师用手指沿碗口画圈提示："圆圆的……"引导铭铭摸摸托盘的轮廓进行比较。铭铭将托盘放到了另一边。教师说："铭铭，真棒！圆圆的都在一起，洗完的碗盘真整齐！"铭铭能熟练摆放后，教师再次询问："铭铭，这些都是圆圆的，找一找，家里还有圆圆的东西吗？"铭铭说："杯子。"教师问："圆圆的杯子在哪里？"铭铭找来杯子，说："杯子。"教师继续问："家里有圆圆的杯子，还有什么也是圆圆的？"铭铭陆续找来圆形锅盖、橘子等，最后指着茶几说："圆圆的。"教师继续引导："除了家里有这么多圆圆的，其他地方还有吗？我们再去找找看！"铭铭说："球！"教师说："家里的球在哪里？去找找，我们一起看看是不是圆圆的。"

三、思考

在本次活动中，依托娃娃家的水池和碗等生活化游戏材料，引发了幼儿对日常生活场景的联想。清洗碗、盘子、杯子是幼儿在生活中可能接触到的生活情境，通过在游戏中重现，让幼儿更加熟悉和亲近生活。这种联系生活的方式，不仅丰富了幼儿的游戏经验，还能让他们更好地理解生活中的事物。通过巧妙融入多元生活元素，创设丰富的游戏互动环节，将教育意图隐匿于充满趣味的活动之中，让婴幼儿在自由探索与欢乐体验里悄然汲取成长的养分。

在"宝宝屋"这一独特的场域下，环境氛围的营造、人员的悉心教导以及丰富多样的材料配备，均会对婴幼儿的成长发展产生深远且关键的影响。在游戏过程中，教师以丰富多样的材料作为依托所进行的互动引导举措，推动幼儿认知能力的进阶，如：在引导幼儿认识圆形时，教师巧妙地抛出问题"圆圆的 ×××"以及"再找找还有什么东西也是圆圆的"进行启发性提问。与此同时，教师还辅以生动形象的手势以及清晰明确的语言进行引导，激发了幼儿内在的观察潜能以及比较能力，使得幼儿的思维得以拓展，进而促使幼儿关注自身所处的生活环境，积极主动地在熟悉的"家"里探寻各类圆形的物品，不断深化对圆形这一形状概念的认知与理解，为其认知能力的发展筑牢了根基。

"宝宝屋"凭借其温馨宜人的环境设置和充足多元的材料供给，为婴幼儿搭建了良好的成长平台；而教师则在与婴幼儿的互动过程中，精准捕捉每一个稍纵即逝的教育契机，给予及时、积极且富有成效的互动反馈。如此一来，身处"宝宝屋"这一优质环境下的每一个婴幼儿，都能够在全面且协调的发展道路上稳步前行，为其未来的成长奠定坚实而稳固的基础。

造房子
——建构游戏里的语言蜕变
普陀区石岚新村幼儿园　赵洁珺

一、背景

在"宝宝屋"的建构游戏区，配备了色彩斑斓、形态多样的建构材料，为幼儿营造了一个充满探索机遇的环境。幼儿与之互动，既能锻炼手部小肌肉，提升手指灵活度与精准度，又能在接触不同颜色、形状材料时，深化对色彩和形状的感知认知，培养对事物特征的观察和判断能力。

值得注意的是，来到"宝宝屋"建构游戏区的幼儿在年龄和语言发展水平上呈现出较大的差异。部分幼儿尚处于牙牙学语的起步阶段，还未掌握语言表达的基本能力；有些幼儿则刚刚开启语言启蒙之旅，仅学会了有限的几个字；还有一些幼儿已经能够简单地表达完整的句意，语言能力相对较强。如何根据个体发展需求，借助建构游戏的互动引导促进其全面协调的发展，无疑给教育引导工作带来了更为复杂的挑战和更高的要求。

二、实录

今天已是麦兜（32个月）第三次预约来到石泉·兰田片区"宝宝屋"的活动场地，在前几次与麦兜的接触后发现，麦兜在语言表达方面仅能说简单的叠词，或是两个字组成的词。

麦兜像往常一样熟练地从橱柜中挑选出积木，然后席地而坐，准备开启搭建创作。麦兜察觉到教师的到来，热情地递来一块积木。教师顺势坐在他身旁，拿起泡沫磁力积木开始摆弄起来，同时说道："积木也想找朋友一起玩，找一找，有没有相同颜色的积木做朋友呀？"麦兜的眼睛瞬间亮了起来，急切地转向材料筐，开始认真地寻找起来。不一会儿,他就从篮筐中高高举起一块绿色积木,兴奋地喊道:"嗯!"教师立刻回应:"绿色的积木!找到好朋友了,我们一起造高楼吧!"

麦兜受到鼓舞,翻找更多绿色积木,每找到一块,教师放慢语速,清晰地说:"绿色的积木。"麦兜也努力尝试完整表达,尽管只是吐出"绿色……的……"这样不太连贯的短句。

随着搭建的推进,麦兜的注意力被蓝色和黄色积木吸引。每当他拿起一块新颜色的积木,教师及时用完整的语句描述:"蓝色的积木""黄色的积木",麦兜静静地听着,偶尔也会小声模仿。

在搭建过程中,麦兜似乎有了自己的想法,他指着材料筐,含糊不清地表达着对一块橙色方形积木的渴望。教师立刻明白了他的意思,一边帮他拿积木,一边问:"麦兜是不是想用这块橙色方形的积木搭一个特别的东西呢?"麦兜用力地点点头,回答道:"嗯!房……"我笑着鼓励他:"那麦兜加油哦,搭一幢漂亮的房子!"

三、思考

2—3岁是幼儿口头语言发展的关键时期,相比大部分幼儿能基本符合语法地说完10个字以内的句子,32个月的麦兜日常语言表达不超过2个字,因此需要更多在日常生活和游戏中通过模仿来学习语言。

此次在"宝宝屋"玩积木时,将语言学习元素巧妙融入建构游戏等活动中,让麦兜在轻松氛围里接触多样词汇和表达,增加词汇量,激发语言兴趣和自信,为麦兜的语言发展奠定基础。

对于正处于语言启蒙初期的麦兜,教师先以童趣话语引导他找同色积木,在他找到绿色积木后顺势提议搭高楼,并不断用完整语句描述积木颜色,他逐渐从含糊模仿到能用简单句式回应形状问题,如"方,方形"。在游戏过程中,教师运用简单易懂、重复性高的词汇和短句,结合具体的搭建情境,帮助他理解和模仿语言表达;并通过一问一答的方式,鼓励麦兜多说话,丰富词汇量,提高语言表达能力。

被摆布的元宝

——奶奶陪伴下的成长故事

普陀区长风二村幼儿园　陈　莉

一、背景

在"宝宝屋"的运动区内有各种运动器材，不仅安全，还能满足不同月龄婴幼儿的探索需求。

元宝（28个月）第一次来到"宝宝屋"，在奶奶的陪伴下，他是如何和这些材料互动的呢？

二、实录

元宝拉着奶奶的手，看起来有些拘谨。他好奇地打量着"宝宝屋"里的一切，似乎在寻找自己感兴趣的东西。"宝贝，你想要玩什么？"教师来到元宝面前询问。元宝不说话，抓紧奶奶的手。"那我们去'城堡'那里玩滑滑梯好不好？"教师将元宝和奶奶带到运动区。

看元宝还是不动，奶奶似乎有些着急："走，去玩滑滑梯。"元宝在奶奶的带领下来到"城堡"前，终于跨出了第一步。他爬上台阶，不一会儿就从另一侧的滑梯滑了下来。几个来回之后，元宝不再像一开始那么拘谨，自己玩了起来。可没等几分钟，奶奶开口说："元宝，我们去玩那个！"说着便拉元宝去旁边的钻爬桶。教师见状也一起走了过去。

来到钻爬桶前，教师指导元宝怎么玩："从这里钻进去，从另外一边爬出来。宝宝，你试试看。"奶奶也在一旁附和："元宝去爬。"于是元宝小心翼翼地爬进去，并且顺利从另一边爬了出来。正当元宝还想尝试第二次的时候，奶奶又开口了："元宝走，我们去玩那个。"说完就要把元宝往小秋千那里带，教师微笑着跟了过去。

奶奶把元宝抱上小秋千，满意地看着他："好玩吗？"元宝点点头。"那你来爬一爬，看看我们宝宝能不能自己爬上去！"元宝根据奶奶的指示，慢慢爬上了架子，并且得到了奶奶的表扬："我们宝宝真厉害！"教师也在一旁为元宝竖起了大拇指。

短短 10 分钟，初来乍到的元宝已经玩了三种器材。

三、思考

在奶奶的带领下，第一次来到"宝宝屋"的元宝在 10 分钟内就几乎把运动区的器材玩了个遍。不难看出幼儿自主探索的主动性被抑制，家长不理解幼儿的需求，教师没有适宜地指导，导致元宝一直被摆布。

28 个月的幼儿已经具备了一定的运动能力，但对于陌生环境有不安全感，家长可以在保持安全距离的前提下，给予他独立玩耍的时间。这个月龄的幼儿对所有的新鲜事物都充满了好奇心和兴趣，具有发现、探索和学习的宝贵热情，无论是家长还是教师，都应该以儿童发展优先，考虑他的需求，提供各类安全的材料让他去探索、去发现。在保证安全的前提下，懂得放手，耐心支持和欣赏幼儿的自主探索，而不是牵着他、摆布他的游戏进程。

而作为教师，不应该一味顺从家长。不同家庭背景、不同年龄层的家长，尤其是祖辈家长，因疼爱、担忧而舍不得放手实属常见。教师应该传递正确的科学育儿指导理念，帮助家长了解幼儿的需求。在与幼儿互动时，教师不必急于给出玩法"标准答案"，而是给予幼儿充足的自主探索机会，同时提供丰富的辅助材料，切实强化幼儿与环境的有效互动，让幼儿在这一过程中沉淀大量感知经验。唯有鼓励幼儿勇敢地与环境"对话"，才能让他们真切体悟到自身存在感，收获满满的成功喜悦。

坐不住的小点点

——解锁小月龄教育密码

普陀区长风二村幼儿园　陈　莉

一、背景

"宝宝屋"10 分钟阅读圆圈活动是以混龄的形式开展的，总有几个小月龄的宝宝坐不下来。怎么样才能让他们坐下来听故事，成为了教师最头疼的问题。

二、实录

点点（18 个月）看了看教师手上的绘本便走开了。观察到点点没有被绘本内容吸引，教师拿出可爱的小教具试图吸引她的注意："点点你看，这是什么呀？"点点见状跑到教师跟前，试图触摸、拿取她手上的教具。另一位教师发现后，将点点抱到一边的垫子上，并对她说："宝贝，我们要坐下来听故事哦。"点点没有理会，立刻又爬了

起来，跑到正在讲故事的教师跟前伸手，再一次想要拿道具，又一次被阻止。几个来回后，她百无聊赖地跑开了。她一会去玩旁边的滑滑梯，一会又去摆弄小木马，教师没有继续干预。

阅读圆圈活动进入游戏环节，教师给每个宝宝分发游戏教具时，点点主动回到了活动中，并且在拿到小教具后坐了下来，和大家一起完成了最后的小游戏。

三、思考

18 个月的幼儿喜欢自己动手，会尝试自己拿书并翻页。比起绘本，点点对于操作材料更加感兴趣。而教师忽略了这个阶段幼儿好动、注意力易分散的特点，而动手操作实物带来的感官刺激远比被动听故事更具吸引力。强制让点点静下来听故事，只会引发抵触，顺应其摆弄材料的天性，才是打开学习大门的钥匙。

针对阅读圆圈活动混龄的现状，教师可以有意识地将大小月龄的幼儿分开。大月

龄幼儿围坐在一起听故事，为小月龄幼儿准备更多绘本和操作材料，让他们可以独自游戏，满足其喜欢摆弄材料的特点，或许还能把故事内容也听进去。

良好生活习惯的培养
——回应性照护好方法
普陀区四季幼儿园 鲍如洁

一、背景

对于学龄前幼儿来说，生活照料和教育是同等重要的，每一个生活环节都提供了培养幼儿良好习惯的宝贵机会。通过看似简单的日常照料，实际上可以对幼儿进行有效的早期教育，帮助他们建立起对世界的初步认识和适应能力。

二、实录

笑笑（20个月）每天都会和外婆来"宝宝屋"参加早教活动，对每天的流程非常熟悉。她熟练地张开嘴让教师检查小嘴巴，但当教师要给她洗小手的时候，却把小手缩了回去。教师轻轻握住她的手，把免洗洗手液挤在外婆手上，让外婆先来洗一洗，笑笑看到外婆洗了手，才张开小手勉强让外婆帮她搓了搓。

玩着玩着，笑笑去上厕所。教师温柔地提醒道："笑笑，上完厕所要洗手哦，这样小手才会干干净净，不会有小细菌来捣乱。"笑笑却似乎对洗手这件事不感兴趣，不情不愿地走到洗手台前，冲了冲水就想接着去玩。教师无奈地摇了摇头，再次走上前去，耐心地拿起洗手液，轻轻挤在笑笑的小手上，然后握住她的小手，一步一步地教她如何正确洗手，手心、手背、手指缝……在教师的悉心指导下，笑笑的小手终于被洗得干干净净。

三、思考

从笑笑两次都不愿意洗手这一行为可以看出，对于低龄幼儿来说，他们对某些卫生习惯的养成仍可能存在抵触情绪。尽管笑笑对洗手的步骤似乎已经有所了解，但她并不愿意主动执行。面对这样的情况，我们应该如何帮助笑笑克服这种抵触情绪，养成良好的洗手习惯呢?

从外婆的行为可以看出，家长在洗手这件事上包办替代的行为较多，使得幼儿在日常生活中缺乏自主洗手的机会和意识，过度依赖家长的帮助，从而难以形成独立的洗手习惯。洗手在他们眼中可能成为耽误玩耍的"阻碍"，再加上尚未养成洗手的习惯，使得洗手这件事在幼儿心中没有占据应有的位置。要解决幼儿不愿意洗手的问题，关键在于让环境与幼儿进行积极互动，让幼儿觉得洗手也是一件好玩的事情。可以在盥洗室张贴小朋友或者小动物认真洗手的图片，吸引幼儿注意；提供有香味的儿童专用洗手液或洗手机器，让幼儿在洗手时能闻到甜甜的味道，更享受洗手的过程。

我们还可以借助儿歌的趣味性吸引幼儿注意力；也可以在洗手过程中，抓住低龄幼儿喜欢模仿的特点，教师同步进行示范，让幼儿在模仿中学习，使他们在玩的过程中自然地接受洗手。这不仅有助于幼儿的个人卫生养成，更能培养他们的生活自理能力和良好的行为习惯。

未完成的豆豆瓶
——如何开展有效游戏支持

普陀区四季幼儿园　鲍如洁

一、背景

撕撕贴贴是学龄前幼儿最喜爱的活动之一。他们热衷于将贴纸从纸上撕下来，然后寻找各种地方将它们贴上去。这种反复的撕和贴的动作对家长而言可能会感到有些头疼，但对孩子们来说却充满了乐趣，让他们乐此不疲。

二、实录

教师给小朋友们提供了各种颜色的"豆豆"贴纸，要把"豆豆"一个一个装进好看的瓶子里，在一旁玩滑滑梯的以年（26个月）看到了，被贴纸吸引的他走向了美工区，准备装满"豆豆瓶"。

他从一个杯子里取出一个绿色的圆点贴，两只小手指捏住圆点，撕下来，贴在瓶子里。他又从杯子里倒出几个大小不同的圆点贴，选了一张红色的小圆点，准备将其贴在画纸上。可是小圆点怎么也撕不开。

他抬起头看着教师，通过眼神请求帮助。教师接过他手中的圆点贴，并没有直接

帮他撕开，而是微笑着拿了更多不同颜色的贴纸放在他的面前。教师以为以年会对新的贴纸感兴趣，继续投入到游戏中，但以年只是看着这些贴纸，并没有露出期待的神情。他左看看右看看，过了一会儿，默默地放下手中的贴纸，转身离开了美工区，只留下未完成的豆豆瓶。

三、思考

幼儿作为能够独立主动游戏的个体，其独立性的表现受到教师支持的影响。面对进入"宝宝屋"的幼儿月龄差异比较大，教师在材料投放上应具备层次性和高度的可操作性，以确保每个幼儿都能获得成功的体验。互动的有效性在于准确解读幼儿当前的能力水平，材料的多样性能够满足不同能力层次的需求，例如除了圆点贴，还能提供海绵、半立体材料（纽扣、眼睛）以增加材料的硬度和厚度。当以年需要教师提供帮助撕下圆点贴纸时，教师可以在贴纸上增加折角的细节，而不是替换材料。

教师还应该通过互动和交流来提供支持，包括动作互动（示范操作）和语言互动（如找一找××颜色的贴纸、找找"大眼睛""小眼睛"），还可以引导幼儿观察其他小朋友，用幼儿喜欢模仿的特点，鼓励幼儿尝试模仿进行学习。在幼儿获得成功后，也要及时对幼儿进行肯定和鼓励，营造积极的心理氛围。

基于教师的观察和分析，可以向家长推荐一些在家实施的科学育儿方法。例如，当教师注意到幼儿在精细动作的发展方面还有待提高，可以建议家长在家中准备一些诸如小夹子等日常生活用品，鼓励幼儿动手尝试进行各种操作。通过这样的科学育儿

指导，不仅能够帮助孩子们在"宝宝屋"中获得成长，而且还能在家庭环境中继续培养和加强他们的动手能力。

不找奶奶的东东

普陀区红樱桃幼儿园　龚嘉琳

一、背景

"宝宝屋"对初次到访的孩子们来说，既是充满吸引力的探险乐园，也是让他们略感胆怯的陌生环境。孩子们好奇地打量四周，而家长的离去又不免让他们感到一丝不安。

社区"宝宝屋"的服务形式为计时托育服务，面对的是社区零散幼儿，具有不确定的特殊性。教师该如何引导孩子们顺利融入，特别是在音乐圆圈活动中，让他们自愿离开家长，参与到集体活动中来呢？

二、实录

第二次踏入"宝宝屋"的东东（26 个月）对环境已不再那么陌生。然而，奶奶的离开仍然是他无法跨越的"难关"。当音乐圆圈活动开始，孩子们随着欢快的音乐纷纷坐到垫子上时，东东却因发现奶奶不在身边而再次大哭起来，呼唤着奶奶回来。奶奶无奈返回，东东则紧紧抱住她，不愿松手。

就在这时，教师巧妙地拿出了一个颜色鲜艳的方向盘，随着音乐模拟起了开小汽车的动作。这一举动瞬间吸引了东东的注意，他的目光从奶奶身上转移到了教师手中的方向盘上。教师敏锐地捕捉到了这一变化，立即询问东东是否想要尝试。奶奶也趁机鼓励东东去参与。在双重鼓励下，东东终于鼓起勇气，离开了奶奶的怀抱，拿着方向盘坐到了小朋友中间。随着奶奶的悄然离开，东东全情投入到音乐游戏中，模仿小司机的模样，脸上洋溢着专注与喜悦，再也没有哭闹。

三、思考

对于 2 岁左右的幼儿而言，分离焦虑常常困扰着他们，这在一定程度上阻碍了他

们对新环境的接纳与融入。而在音乐游戏中,他们可多感官参与学习,将音乐融入活动流程,能使活动更有序、高效地开展。

在幼儿进入新环境时,播放轻柔舒缓的音乐,如《安妮的仙境》《卡农》等,可以先让幼儿紧绷的神经放松下来;在音乐游戏中,切换到节奏明快、活泼的《幸福拍手歌》,鼓励幼儿通过拍手、跺脚等动作互动,进一步调动积极情绪,缓解分离焦虑。同时,像《洗澡歌》《吹泡泡》这类幼儿熟悉的音乐,其简单欢快的旋律能让幼儿轻松跟随摆动身体、随性哼唱。幼儿在这一过程中,注意力被转移,沉浸在欢乐氛围里,焦虑情绪自然而然就会减轻。

通过这样有针对性地选择和运用音乐,不仅能帮助 2 岁幼儿顺利克服分离焦虑,更能让他们在音乐游戏中学会倾听、分享、合作与尊重,体会社交的乐趣,强化内在规则意识,实现全面成长与发展。

收玩具啦!

——在音乐中培养幼儿的整理能力

普陀区红樱桃幼儿园 龚嘉琳

一、背景

在"宝宝屋"的活动中,对于 2 岁以上的幼儿,培养其收拾整理玩具的能力以及渗透规则意识是至关重要的环节,而音乐则是其中的得力"助手"。

通过悉心选取的音乐信号,我们能够为幼儿构建一套有序的生活常规体系。通过巧妙利用音乐，将收拾整理能力的培养与规则教育相融合，让幼儿在音乐的陪伴下逐渐形成收拾整理能力及规则意识。

二、实录

"宝宝屋"内响起了欢快的歌曲《玩具要回家》。"玩具宝宝要回家……"听到熟悉的歌词，只见萱萱（34个月）兴奋地大喊："收玩具啦，要收玩具啦！"教师顺势紧接着萱萱的话语，温柔地鼓励："萱萱真棒，你记住了这是我们收玩具的音乐。快和小朋友们一起把玩具送回家吧，然后我们来做个好玩的游戏！"

听着音乐，孩子们纷纷在教师的帮助下把玩具宝宝送回了家，他们有的小心翼翼地将积木叠放整齐，有的则将娃娃轻轻放回原位。完成整理后，孩子们迫不及待地跑到活动垫子上，随着音乐的节奏，与教师一起做起热身律动，小脸上洋溢着满足与喜悦。

三、思考

对于24—36个月的幼儿，利用音乐培养其收拾玩具能力和规则意识极为合适。

在收拾玩具环节，像《玩具要回家》这样的儿歌，轻快且歌词简单，符合幼儿年龄特点。播放时，教师通过语言提示"玩具宝宝们要回家休息啦，让我们跟着音乐送它们回去"引导幼儿送玩具回家，幼儿受旋律吸引，会更积极整理玩具，逐渐形成条件反射，提升自我服务能力，契合托幼衔接需求，为长远发展打基础。同时，音乐也适用于环节过渡。自由活动结束后，播放舒缓的《风居住的街道》，能帮助幼儿平静下来，自然过渡到整理环节，强化秩序感。

教师选音乐时要注重信号一致性，如《洗手歌》《健康操》等与生活环节关联，幼儿在欣赏音乐时可潜移默化接受习惯、规则及动作提示。精心挑选与活动匹配的音乐，能为幼儿营造有趣有序的环境，培养其规则与自我服务意识和能力。

图书在版编目（CIP）数据

打开童空间，共筑宝宝屋 : 基于生态学理念的社区嵌入式托育服务环境创设的实践研究 / 奚岚，黄琼主编；王红，陆瑾编著 . —上海：少年儿童出版社，2025. — ISBN 978-7-5589-2136-0

I. G617

中国国家版本馆 CIP 数据核字第 20257AD676 号

打开童空间，共筑宝宝屋

基于生态学理念的社区嵌入式托育服务环境创设的实践研究

奚 岚 黄 琼 主编

王 红 陆 瑾 编著

张贝贝 装帧

责任编辑 陆伟芳 美术编辑 钱 黎

责任校对 黄 岚 技术编辑 陈钦春

出版发行 上海少年儿童出版社有限公司

地址 上海市闵行区号景路 159 弄 B 座 5-6 层 邮编 201101

印刷 上海锦佳印刷有限公司

开本 787×1092 1/16 印张 10 字数 220 千字

2025 年 6 月第 1 版 2025 年 6 月第 1 次印刷

ISBN 978-7-5589-2136-0 / G·3816

定价 80.00 元

普陀区社区"宝宝屋"托育服务环境评价指标表

使用手册

少年儿童出版社

一
简介

　　"宝宝屋"是上海市开展"学龄前儿童善育"民心工程中重要的普惠性托育机构，采取社区嵌入式方式建设，主要面向1—3岁婴幼儿家庭提供临时托育照护服务。

　　随着"宝宝屋"托育服务的普及，提高其服务质量和标准化管理的重要性愈加凸显。标准化的质量管理不仅是"宝宝屋"提供高质量托育服务的保障，同时也是推进普惠性托育服务在各区街道镇均衡发展的关键。"宝宝屋"的环境创设是其服务质量和标准化管理中的重要组成部分。精心设计的环境不仅关乎婴幼儿的安全与舒适，更直接影响他们的探索与发展。

　　《普陀区社区"宝宝屋"托育服务环境评价指标表》旨在提供一套对"宝宝屋"环境进行全方位评价的量化工具，不仅可以供外来评估人员对"宝宝屋"的环境进行督导、评价、改进或研究，也可为"宝宝屋"的管理者或从业人员提供环境创设的指导或进行自

我评估。

　　《普陀区社区"宝宝屋"托育服务环境评价指标表》（以下简称"量表"）采用"环境"的广义界定，基于"宝宝屋"临时托的服务类型及其社区嵌入式的建设方式，将"宝宝屋"的环境划分为"空间环境""游戏环境"和"保育照护"三个一级指标，一级指标下设6项二级指标和17项三级指标，三级指标下包含多个细分项目（共计44个项目），以全面涵盖评估内容，具体指标见下表。

一级指标	二级指标	三级指标
1. 空间环境	1.1 室内空间	1.1.1 空间布局
		1.1.2 采光通风
		1.1.3 空气质量
		1.1.4 室内卫生
		1.1.5 活动区域
	1.2 设施设备	1.2.1 日常照料设施设备
		1.2.2 桌椅橱柜
		1.2.3 温湿度调节和测量设备
2. 游戏环境	2.1 环境设置	2.1.1 游戏区域设置
		2.1.2 游戏环境创设
	2.2 材料提供	2.2.1 游戏材料提供
		2.2.2 图书投放
		2.2.3 材料安全与管理
3. 保育照护	3.1 安全保障	3.1.1 防护设施
		3.1.2 安全防控
	3.2 卫生保健	3.2.1 卫生消毒
		3.2.2 健康管理

二
使用说明

1. 量表的实施

每次用于一个"宝宝屋",由评估人员对"宝宝屋"环境质量进行科学、系统的评估。每次评估应由至少两位评估人员共同完成,以增强评分的可信度和稳定性。

鉴于"宝宝屋"提供的是 2 小时临时托育服务,评估人员应预留至少 3 小时的时间进行观察和评分。评估当日,评估人员须提前到达现场,并在"宝宝屋"的服务结束后继续观察一段时间,以确保观察的全面性和准确性。

为避免干扰"宝宝屋"的日常运行,评估人员在评估过程中需注意以下要点:

● 保持亲切但中立的面部表情,不引导或影响婴幼儿的行为;

● 除非有安全隐患需立即干预,否则避免与婴幼儿互动;

● 避免与活动中的从业人员进行交谈,如有相关事宜(例如:

查看管理记录）需在"宝宝屋"服务时间结束后再做询问；

●注意评估人员自身在场地中的位置，以减少对环境的影响。

2. 评分系统

量表的评分系统由 1 分、3 分和 5 分三个等级构成，以反映对 44 个项目的不同的达标水平。1 分表示不足，需立即对该项进行整改；3 分为合格水平，表明该项达到了基本要求；5 分为优良，表明该项满足所有高标准要求。当观察到的实际情况部分符合某一评分档次（如介于 1 分和 3 分之间或 3 分和 5 分之间）时，可灵活使用 2 分或 4 分，以更精确地反映该项的实际状况。

在对"宝宝屋"的环境进行总体评价时，应遵循以下标准：若任意一项被评为 1 分，则环境总体质量应被视为不合格，因为 1 分代表环境中存在着严重问题，这在"宝宝屋"的建设中是不允许的，必须立即整改。如果有 44 项指标均达到 3 分或以上，则该"宝宝屋"的环境总体质量可以被评为良好；若有 23 项达到 5 分[1]，则可以将环境的总体质量评为优秀。

3. 评估流程

此流程分为准备阶段、评估阶段和后续反馈三个主要部分。

---

1. 注：目前该量表共有 44 项指标，其中 13 项满分项为 3 分，31 项满分项为 5 分。以 75% 的 5 分达成率为良好与优秀的分界值，即 31 项中有 75% 达到 5 分时，也就是 23 项达到 5 分时，可将该"宝宝屋"环境的总体质量评为优秀。

（一）准备阶段

1. 熟悉手册内容

目标：在评估前，评估人员应通读使用手册，明确每一项评分标准。

建议：阅读并理解各评分项的定义、评分等级和具体操作说明。注意使用手册中的专业术语和评分细节，特别是评分中提到的关键指标和特殊要求。

时间：提前1—2天。

2. 评估工具准备

目标：确保评估工具齐备，便于在现场顺利进行评分和记录。

所需工具：评分记录表（纸质或电子版），便于现场记录评分数据。测量工具（如卷尺），用于检测"宝宝屋"内桌椅橱柜等设施设备的尺寸。相机或手机，用于拍摄场地和设施的实际情况，以便后续参考。

时间：评估前1天准备完毕。

3. 与评估对象沟通

目标：与"宝宝屋"管理者确认评估时间，确保当天评估过程中正常开放、人员配合到位。

建议：解释评估流程，确保评估时无外界干扰。明确告知评估人员的到达时间、评估所需时长。

时间：评估前1天沟通确认。

（二）评估阶段

1. 进入场地准备观察

目标：进入"宝宝屋"后，评估人员应快速熟悉场地环境，确认各区域布置是否符合使用手册要求。

步骤：与在场的"宝宝屋"从业人员简单交流，说明评估流程。按使用手册指引检查各类设施的初步布置是否符合要求，了解游戏区、休息区、盥洗室等各类区域的布局。

时间：约15分钟。

2. 逐项评估

目标：按照使用手册逐项评估，依次评分，并在每一项后做详细记录。

步骤：

①空间环境

观察室内空间布局、采光、通风情况，对有盲区或不合标准的区域进行记录。检查设施设备摆放和安全防护是否达标。

②游戏环境

检查游戏区域的设置、环境创设、材料提供等，评估游戏空间的安全性、舒适性及便于婴幼儿自主取用的情况。

③保育照护

评估安全防护设施的完备性，检查卫生消毒和健康管理措施。

每项评估后，记录实际情况和评分依据，必要时拍照存档。

时间：约2小时（每项评估约5—10分钟）。

3. 评分和记录汇总

目标：评估结束后，汇总评分记录，形成总体评分结果。

步骤：根据使用手册评分标准，对每个项目的评分进行核对，确保无遗漏。计算总分,确定"宝宝屋"的综合评价等级(例如,优秀、合格、不合格)。

(三)后续反馈

1. 与"宝宝屋"管理者反馈初步结果

目标:在场地评估结束后,向管理者简要反馈初步评估情况。

步骤:说明评分项目中表现良好的方面。针对较低分项,说明具体问题,并提出改进建议(例如:在某区域增设安全护栏,加强游戏材料管理等)。

2. 撰写评估报告

目标:形成正式的评估报告,记录各项评分细节、评估依据和改进建议。

报告内容:

①评估概况,简要说明评估的时间、地点、参与人员。

②逐项评分和改进建议,列出各评分项的评分结果、存在的问题和改进建议。

③总体评价,总结"宝宝屋"的综合评分等级,并指出主要优缺点。

3. 提交评估报告并进行后续跟踪

目标:评估结束后,将正式报告提交给"宝宝屋"管理者,并安排后续改进的追踪检查。

步骤:与管理者沟通报告内容,说明改进的重要性。安排改进完成后的复查时间,确保"宝宝屋"能够符合标准。

时间:评估后一周内完成沟通。

三
指标的解释与说明

1.1.1 空间布局

概述

空间布局是指"宝宝屋"内的空间结构以及基于空间结构的设施设备配置和分布情况。"宝宝屋"的空间布局主要基于社区综合服务设施原有的空间结构，在普陀区早期教育指导中心的指导下，由"宝宝屋"从业人员根据实际情况进行调整布置。"宝宝屋"主要为1岁至3岁婴幼儿提供临时托、计时托等托育服务，每个时间段内婴幼儿的人数应遵循师幼比例不低于1∶5的标准，合理的空间布局能有效提升"宝宝屋"空间的功能性和安全性，保证婴幼儿的自主活动有开放的空间，并确保从业人员对婴幼儿的照护工作。

1—3岁婴幼儿正处于活跃的感官与运动发展时期，常常通过自主探索环境来学习与适应。"宝宝屋"内的空间布局直接影响他们的探索行为，开放且无阻碍的活动空间不仅能促进他们的身体活动，也能减少跌倒或碰撞的风险。此外，确保没有隐蔽的角落或盲区也能提高从业人员的照护效率，避免危险的发生。

评估人员在对该指标进行评分时，应特别留意房间的结构是否存在盲区或隐蔽角落，以及是否会影响从业人员的视线。此外，如果盥洗室设在房间内，也应将盥洗室纳入到空间布局的总体考察中。

指标的详细说明

对该指标的评分主要涉及空间结构与布局设计两项。

A1—A5 空间结构

该项主要考察"宝宝屋"的空间结构是否有助于从业人员对所有婴幼儿进行有效的观察和照护。1—3岁婴幼儿具备了较强的活动能力，他们活动频繁且好奇心强，合理的空间结构能确保他们始终处于从业人员的视线范围内。

如果"宝宝屋"中存在严重影响从业人员视线的区域，比如房间有明显的隐蔽角落、拐角或盲区，当婴幼儿处于这些区域时，从业人员很难及时注意到婴幼儿的活动和行为，这会大大增加发生意外的风险。在这种情况下，"宝宝屋"的空间结构对照护工作产生严重影响，则将此项评为1分。

图 1-1.1.1 A1：位于攀爬设施下的一处盲区。当婴幼儿在攀爬设施下玩耍或躲藏其中时，从业人员不易察觉，存在安全风险。

如果"宝宝屋"的空间结构存在明显的视觉盲区或影响视线的拐角，但当两位从业人员同时在场时，这些问题可以被克服。比如在L形房间中，单独一位从业人员可能无法看到房间的每个角落，

图 2-1.1.1 A3：L 形房间中，两位从业人员同时在场可以弥补空间结构的局限。

但如果有第二位从业人员负责观察另一个角度，则可以确保所有婴幼儿都在视线范围内。此类空间结构虽有局限，但通过合理的人员安排可以有效弥补，则可以评为 3 分。

如果空间结构设计合理，整体方正且没有妨碍视线的障碍物，即便只有一位从业人员在场，可以方便清楚地看到"宝宝屋"内所有婴幼儿活动的区域，没有明显的盲区或隐蔽角落。这样的空间结构使得从业人员能够轻松照看到所有婴幼儿，确保他们的安全，这种结构是理想的托育空间结构，则可以将此项评为 5 分。

B1-B5 布局设计

此指标主要考察"宝宝屋"内设施设备的布局设计是否合理，重点关注布局是否为婴幼儿的自主活动提供了足够的空间与便利，同时是否为从业人员的日常看护和管理工作提供了高效的支持。

如果"宝宝屋"内的布局存在不合理之处，从而影响了婴幼儿和从业人员活动的便利性。例如：几乎没有空间可以进行自由活动，桌椅橱柜之间的通道过于狭窄；通行之处有许多拐角或容易磕碰的地方；或是将游戏区设置在靠近门口、隔间和盥洗室的区域，人员的通行会频繁干扰婴幼儿的游戏活动；过多的障碍物也会限制从业人员迅

图 3-1.1.1 B1：游戏区设置在盥洗室门口，人员的通行会干扰婴幼儿的游戏活动。

速反应的能力，使从业人员不能在紧急情况下及时到达婴幼儿身边为其提供帮助。如果观察到以上情况，则将此项评为1分。

图4-1.1.1 B3：主通道开阔笔直，没有明显的拐角。

如果"宝宝屋"的布局合理，并且在设计时充分考虑房间中婴幼儿和从业人员的通行路径，婴幼儿和从业人员可以自如地四处走动和游戏。游戏区合理设置在主通道的两侧或通道尽头，家具摆放得当，尽量减少拐角，以降低婴幼儿在活动中可能发生的磕碰风险，则可以将此项评为3分。

在此基础上，如果房间的布局设计能够体现出儿童友好的特点，即考虑婴幼儿的身高和行动特点来对房间进行布局设计。房间中间的玩具柜均为开放柜，高度不超过两层，并确保没有其他会明显阻挡婴幼儿视线的家具，如果有三层柜或非开放柜，则靠墙放置；桌椅橱柜之间的距离（包括半开放游戏区的入口）应当能满足两名婴幼儿同时通过且彼此之间无干扰；且在不同的游戏区域之间使用开放式橱柜设置一些保护隔离，以便更有效地减少婴幼儿之间的干扰和冲突。如果可以做到以上，则将此项评为5分。

图5-1.1.1 B5：布局设计体现儿童友好。房间中间的玩具柜均为两层的开放柜，较高的非开放柜靠墙放置；游戏区分布清晰；桌椅橱柜间的通道宽敞。

1.1.2 采光通风

概述

采光通风是指"宝宝屋"内的采光情况与空气流通情况。根据《上海市幼儿园装备指南（试行）》和《上海市幼儿园办园质量评价指南》，采光不仅包括自然采光，也包括可调节的人造光作为光源补充。采光和通风是托育环境中的重要因素，良好的采光与通风能够为婴幼儿提供舒适的视觉环境和清新的空气，保障婴幼儿的身心健康。

对于1—3岁婴幼儿来说，充足的采光有助于他们分辨色彩、观察物体，采光不足的环境则会导致婴幼儿视觉疲劳，影响其认知与观察能力。同时，适当的通风可以减少室内异味、湿气和空气中的细菌、病毒等有害物质，保障婴幼儿的呼吸健康，降低传染性疾病的传播风险。良好的采光与通风也可以改善婴幼儿的情绪，有助于他们在温馨明亮的环境中舒适地探索和学习。

在"宝宝屋"中，从业人员应当根据实际情况使用必要的设备对室内的采光和通风进行调整，以保障婴幼儿的舒适和安全。在天气变化或室内空气质量较差时，应适时调节窗帘、百叶窗或使用排气设备，以维持室内空气新鲜和光线合适。当室内自然采光不足时，应当及时调节人造光进行补充照明。

评估人员在对该指标进行评分时，重点关注光线是否充足、空气是否流通，评估房间是否具备适当的调节方式，并对调节设备是否可以正常使用进行观察。

指标的详细说明

对该指标的评分主要涉及采光与通风两项。

A1–A5 采光

采光不足是指同时考虑来自门和窗的自然光源以及来自灯具或照明装置的人工光源的情况下，如果没有足够的光线，评估人员观察到"宝宝屋"内有明显的暗角，则将此项评为 1 分。

如果可以同时满足以下两个条件，则可以将其评为 3 分：

①照明根据《建筑照明设计标准》（GB50034）、《中小学校及幼儿园教室照明设计规范》（DB31/T539）相关规定执行。照明设备满足幼儿阅读和游戏时的光线需求，各区域平均照度不小于 300lx，照度均匀度不小于 0.7。吊扇、投影机等的位置和高度不影响照明；

图 6-1.1.2 A3：房间有大面积落地窗，自然采光良好，且室内配备可调节的人工光源。

②有直接且良好的自然采光，如果室内的自然采光不足，例如窗户很小或为暗窗，则此项只能评为 1 分。

在此基础上，如果从业人员能够对从窗户、天窗或门进入房间的自然光进行调控，且通过不同的开关按钮调节室内人工照明，则可以评为 5 分。自然光在某些时候可能过于明亮，导致眩光，这可能会干扰婴幼儿的活动并对婴幼儿或从业人员造成不适。可以配备并适当使用可调节的百叶窗、窗帘或遮阳帘，以防止自然光源的眩光造成的问题。

图 7-1.1.2 A5：当自然光过于强烈刺眼时，房间内有窗帘可以调节遮挡。

B1-B5 通风

如果房间中明显感觉到湿热，或是有在一定时间内无法消散的浓重的清洁剂或除臭剂的气味，则意味着通风条件不足，将此项评为 1 分。

图 8-1.1.2 B3：门和窗可以形成良好的对流通风。

如果从业人员可以通过开窗、开门来实现自然通风，使房间中有足够的空气流动，则可以将其评为 3 分。但如果需要开门或开窗来通风，而这样做可能会有婴幼儿爬出并从危险高度跌落的风险，那么门或窗户必须装有纱窗、栅栏或其他适当的安全设施。如果缺乏必要的安全措施，并且观察到门或窗是唯一的通风来源，那么不能将其评为 3 分。

如果有合适的机械辅助通风手段，即从业人员可以在房间内直接操作排风扇、新风等空气循环设备来调节通风情况，则可以将其

图 9-1.1.2 B5：室内配备了新风系统。

评为 5 分。这种情况下，即便外部的天气不佳，无须开窗也能确保室内空气的良好流通。如果从业人员需要求助他人或离开"宝宝屋"才能进行通风调节，则不能将其评为 5 分。

1.1.3 空气质量

概述

空气质量是指空气中各种污染物的浓度水平，这些污染物可能

包括甲醛、苯、TVOC（总挥发性有机化合物）、PM2.5、细菌总数等，它们直接影响婴幼儿的呼吸安全和健康福祉。"宝宝屋"内的空气质量应符合《室内空气质量标准》（GB/T18883）的要求。

根据世界卫生组织题为《空气污染与儿童健康：规定清洁的空气》的报告，婴幼儿相比于成人更容易受到空气污染的影响，他们的免疫系统和呼吸系统尚未完全成熟，而且呼吸速度比成人快，因此会吸收更多的污染物。此外，婴幼儿的生活空间更接近地面，而这些空间的污染物往往浓度最高。空气污染会影响婴幼儿的神经发育和认知能力，并可能引发哮喘和儿童期癌症，暴露于高水平空气污染的儿童在以后生命中罹患心血管病等慢性疾病的风险可能更高，因此室内空气质量对他们的健康尤为重要。

"宝宝屋"作为专门的托育机构，应确保所用材料符合环保标准，并在正式投入使用前通过权威机构的空气质量检测，以保证室内空气质量。

指标的详细说明

对该指标的评分主要涉及空气质量检测报告的查验。

A1-A3 空气质量检测报告的查验

鉴于空气质量检测的专业要求，评估人员可以通过查验"宝宝屋"是否持有权威机构出具的空气质量合格检测报告来判断。如果"宝宝屋"可以出具，则将此项评为 3 分，否则评为 1 分。

图 10-1.1.3 A3：CMA 机构出具的室内环境质量检测合格报告。

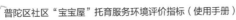

在查验其所持有的空气质量合格检测报告时，评估人员应当注意以下几点，以保证报告的权威性和全面性，如果不满足则不能被评为3分：

●检测机构应具备CMA（中国计量认证）资质，以确保检测结果的准确性和法律效力；

●检测项目应当全面，包括但不限于甲醛、苯、TVOC等常见室内空气污染物；

●检测报告应当完整，包含检测方法、检测结果、数据解读以及改进建议。

1.1.4 室内卫生

概述

室内卫生是指"宝宝屋"室内环境的维护情况和清洁程度，包括地板、墙面、天花板及主要设施等。

1—3岁婴幼儿的免疫系统尚未发育完全，在探索环境的过程中更容易受到细菌和灰尘等不洁因素的影响。"宝宝屋"内良好的卫生环境对于预防疾病传播、减少过敏反应和保障婴幼儿的身体健康至关重要。此外，良好的卫生环境也有助于培养儿童的卫生习惯和自我保健能力。

评估人员在对该指标进行评分时，应当全面考察"宝宝屋"内各个角落的环境情况，并重点关注可能影响婴幼儿安全和健康的风险问题。

指标的详细说明

对该指标的评分主要涉及修葺维护和清洁打扫两项。

A1-A3 修葺维护

修葺不善可能会导致婴幼儿的健康问题（例如，接触到石棉或霉菌，接触到大量剥落的油漆）或造成安全隐患（例如，碎裂的木头、外露的锋利金属）。可能出现的问题有：天花板吊顶缺失或脱落，地毯严重破损，墙壁破洞或凹痕，地砖损坏或缺失，墙壁油漆或灰泥脱落。这些维护通常需要专业的工作人员，超出了"宝宝屋"从业人员日常清理的能力范围。只要观察到有一个重大问题会危及健康和安全，则将此项评为 1 分。

图 11-1.1.4 A1：天花板出现漏水霉变。　　图 12-1.1.4 A1：墙皮出现脱落。

如果只是一些小问题，例如地毯上的小裂缝或墙面有局部的油漆擦痕，或没有出现此类问题，则将此项评为 3 分。在确定是大问题还是小问题时，主要考虑该问题造成重大伤害的可能性。

B1-B5 清洁打扫

如果"宝宝屋"内明显可以看出疏于打扫，例如地毯极度脏污，地板上有大量污垢、灰尘或黏着物，墙壁上有乱涂乱画或未清洗的

污渍，则将此项评为1分。由于"宝宝屋"主要面向1—3岁婴幼儿，要保持室内空间的清洁和可用性，需要进行持续的维护。如果在评估期间观察到有临时打扫的需要，例如婴幼儿将颜料打翻或发生呕吐等，从业人员需要在造成问题之前，及时将脏物清理干净，否则也将此项评为1分。

图13-1.1.4 B3：宝宝屋内干净整洁，维护良好。

如果"宝宝屋"内干净整洁且维护良好，没有明显的脏污，出现打扫需求时也有从业人员及时进行清洁打扫，则将此项评为3分。

如果在此基础上，观察到房间中使用的材料表面都是耐用且易于清洁，则将此项评为5分。耐用材料是指耐磨、结实和不易损坏的材料。易于清洁则是指表面经得起经常清洗、消毒或杀菌而不受损害。例如：盥洗室的地板应易于清洁、消毒或杀菌，婴幼儿进行绘画、玩橡皮泥和玩沙水的区域也应易于清理，在这些区域铺设地毯或毛毯则不便于清洁和杀菌消毒。

1.1.5 活动区域

概述

该项主要考察"宝宝屋"是否为1—3岁婴幼儿合理规划了各个适合其身心发展特点的、安全的活动区域，包括可供休息的舒适区、低幼活动区、盥洗区等。该指标重点关注各类活动区域的舒适性、安全性，以及对婴幼儿情感的支持性。

对于1—3岁婴幼儿，活动区域的合理设置有助于确保婴幼儿在一个安全、舒适的环境中活动，有利于婴幼儿尽快适应"宝宝屋"的环境，并以放松自由的状态开展游戏。柔软舒适的设施和温馨的环境能够使他们在活动中放松身心；适宜的低幼活动区对于尚不能独立行走或对环境尚不熟悉的较小月龄婴幼儿有重要的安抚作用；便捷的盥洗区为婴幼儿的如厕和盥洗提供了便利；活动区域中的丰富视觉刺激也有助于提升婴幼儿的感官发展和情绪安抚。

评估人员在对该指标进行评分时，应当重点关注活动区域的规划是否能够支持婴幼儿的活动和情感需要，为婴幼儿提供安全、身心愉悦的各类活动区域。

指标的详细说明

对该指标的评分主要涉及舒适区、低幼活动空间、盥洗室和展示陈列四项。

A1-A5 舒适区

舒适区是指房间中设置的一个能为婴幼儿提供丰富柔软感的区域。婴幼儿可以在舒适区休息、阅读或安静地玩耍。例如，它可能包括一块柔软的地毯、几个垫子、一张软垫沙发或一张柔软的床垫。单独一块薄垫、靠垫或地毯不符合要求。但如果单一的设施（例如一块尺寸较大的攀爬垫）能提供婴幼儿所需的丰富柔软感，也可视为符合要求。如果在"宝宝屋"内没有观察到舒适区的设置，则将此项评为1分；如果有符合要求的舒适区，可以将此项评为3分。

图 14-1.1.5 A3：舒适区，但旁边的木马可能会对舒适区休息的婴幼儿产生干扰和影响。

图 15-1.1.5 A5：不受干扰的舒适区。

　　不受干扰的舒适区是指舒适区内没有动态游戏设备。由于"宝宝屋"中央为交通要道，因此舒适区不应设在那里。从业人员应当尽力确保活跃的婴幼儿不会因蹦跳或奔跑而打扰在舒适区休息的婴幼儿。舒适区可以短暂用作集体活动空间（例如用来跳舞或开展圆圈活动），但服务期间的大部分时间不应用来进行动态游戏。如果房间内有不止一处舒适区的设置，且至少有一处可以满足"不受干扰"的条件，则可以将其评为 5 分。

B1-B5 低幼活动空间

　　当"宝宝屋"中有月龄较小尚不能独立行走的婴幼儿或对"宝宝屋"尚在熟悉阶段的婴幼儿，为了更好地安抚和照护他们，应为其设置独立安全的低幼活动空间。低幼活动空间应使用安全围栏和地垫单独设立一个区域，且应避免在该空间内投放大型柔软家具，以防婴幼儿有窒息的危险。如果以上均能满足，可以将此项评为 3 分，否则评为 1 分。

图 16-1.1.5 B5：设置独立安全的低幼活动空间，并在其中投放了适宜的游戏材料。

如果能够在此基础上考虑低幼活动空间的舒适性和安抚性，并在其中投放符合婴幼儿月龄特点且可以独立玩耍无风险的游戏材料，则可以将此项评为 5 分。

C1-C5 盥洗室

在"宝宝屋"内设立单独的婴幼儿盥洗室对婴幼儿的健康、安全以及生活自理能力的发展有着积极的影响。然而由于部分"宝宝屋"依托社区综合服务设施而建，在评估过程中应当充分考虑"宝宝屋"的现实条件。

如果"宝宝屋"附近没有适合婴幼儿使用的独立盥洗室，或适合婴幼儿使用的盥洗室离"宝宝屋"的距离较远，严重影响了婴幼儿正常的盥洗需求，则将此项评为 1 分。

如果"宝宝屋"邻近有可供婴幼儿使用的独立盥洗室，方便家长或从业人员带领婴幼儿前往，则可以将此项评为 3 分。

如果在"宝宝屋"内设有可供婴幼儿使用的独立盥洗室，方便婴幼儿安全自主地使用，则可以将此项评为 5 分。

图 17-1.1.5 C3："宝宝屋"邻近处设有适合婴幼儿使用的独立盥洗室。

图 18-1.1.5 C5：适合婴幼儿使用的盥洗室设立在"宝宝屋"内。

D1-D5 展示陈列

婴幼儿是了不起的观察者，他们关注着环境中一切可以用感官探索的事物。从业人员应当了解婴幼儿在"宝宝屋"空间中可以用双眼看到的区域，并利用这些空间创设更加多样化、有趣并富有教育意义的环境，为婴幼儿提供宝贵的感官刺激和学习体验。

在评估室内的展示陈列时，应当注意辨别展示的材料是否可以被计入此项评分。

●只考虑为婴幼儿展示陈列的材料，而不考虑为家长或"宝宝屋"从业人员展示陈列的内容。

●所有计入评分的展示陈列都必须易于被婴幼儿看到。挂在墙上较高位置的展示陈列必须足够大，以便婴幼儿可以轻松看到内容。较小的材料如照片，必须放在较低的位置，以便婴幼儿可以看到其中的细节。

●带有彩色图案的桌椅、地毯、垫子等应当视为家具设施，因此不计入此项评分。

●镜子不计入此项评分。

●婴幼儿触手可及的展示陈列材料需要有保护措施，以防被婴幼儿撕破或存在安全风险（如一些暴露的图钉和胶带，婴幼儿可以轻易将其取下并放入口中）。

●不适宜的陈列展示不计入此项评分。对于1—3岁婴幼儿来说，适宜意味着色彩鲜艳明亮，内容有趣并有意义，且不能包含任何可能吓到婴幼儿或存在暴力和偏见的内容。

展示陈列的位置可以在地面、墙面或桌椅橱柜的面板上，展示材料既可以是二维平面的，也可以是三维立体的。二维的材料包括图片、照片、海报、婴幼儿的涂鸦作品或不同质地的二维材料（如布料），三维的材料可以是一些悬挂的植物、彩色挂饰或风铃等。

图 19-1.1.5 D3：墙面上丰富的陈列。　　　　图 20-1.1.5 D3：地面上的有趣陈列。

如果在"宝宝屋"内至少展示了 3 张彩色图片或其他材料，展示的内容适宜且在评估期间所有婴幼儿都可以清晰地看到，则可以将此项评为 3 分，否则将此项评为 1 分。如果"宝宝屋"内有一幅彩色的、墙壁大小的壁画或壁纸，上面有色彩丰富且有意义的图像，那么即使它只是 1 项内容，也可以将其视为满足 3 分的要求。

婴幼儿熟悉的内容往往可以让他们在"宝宝屋"内更有安全感。此外，新事物比习以为常的事物更能引起婴幼儿的关注，如果展示陈列很少更换，它们就变成了理所当然的背景，很少被婴幼儿注意并观察。因此从业人员如果能够定期添加或更换展示陈列的内容就非常重要。如果要将此项评为 5 分，则评估人员应当观察到一些与婴幼儿密切相关的内容，例如婴幼儿的涂鸦作品、婴幼儿开展活动的照片等；此外，评估人员也要关注是否有定期更换的明显痕迹，例如带有最近日期的艺术作品、与当前节日或季节相关的展示等。

如果不能同时满足两个条件，则此项不能被评为 5 分。

图 21-1.1.5 D5：陈列为婴幼儿近期的手工作品。

图 22-1.1.5 D5：陈列为婴幼儿在"宝宝屋"内的照片。

1.2.1 日常照料设施设备

概述

日常照料设施设备是"宝宝屋"内专门为 1—3 岁婴幼儿日常生活需求而设置的一系列功能性物品及设备的总和。

1—3 岁婴幼儿处于生长发育的关键时期，他们在生理和心理上都依赖成人的照料。对于"宝宝屋"而言，配备完善的日常照料设施设备是提供优质托育服务的基础。测量这一指标可以评估"宝宝屋"在满足婴幼儿日常生活基本需求方面的能力，确保婴幼儿在"宝宝屋"内能够得到妥善的照顾，促进其健康成长，同时也能提升家长对"宝宝屋"的信任度和满意度。

这些设施设备主要聚焦于婴幼儿的个人卫生护理、日常活动辅助以及生活照护区的功能设置，旨在为婴幼儿提供舒适、安全且有助于其成长发展的环境，尽管不涉及睡觉、吃饭等活动，但对于婴幼儿在托育时段内保持良好状态、培养自理能力和良好习惯具有关键意义。

指标的详细说明

对该指标的评分主要涉及日常照料设施、生活照料设施与生活照护区三项。

A1-A5 日常照料设施

婴幼儿日常照料设施包括母婴室、储存换尿片所需用品的设施等。

评价该指标时需要现场具体观察"宝宝屋"的婴幼儿日常照料设施设备。

如果没有母婴室，或母婴室里没有换尿片所需要的设施或设施配备数量过少，如仅有换尿片台但没有辅助的材料如干纸巾、湿纸巾等，或储存换尿片所需用品的柜子数量过少或空间过小，无法完全容纳照护所需用品，则将此项评为1分。

图 23-1.2.1 A3：设施满足基本使用需求。

如果有母婴室，且母婴室中配备了换尿片台等设施，设施满足基本使用需求，如柜子能够储存照护所需的物品，配备了干纸巾和湿纸巾等辅助材料，则评为3分。

"易用且便利"意味着婴幼儿日常照料设施的设计或摆放恰当，例如，设施固定在合适的高度以减轻家长或从业人员的负担；额外配备了温奶器、软关闭马桶盖、低噪音手干燥机和防滑表面等，如果满足以上条件，则评为5分。

图 24

图 25

图 26

图 24- 图 26-1.2.1 A5：该"宝宝屋"所配备的母婴室布局合理，具备多种辅助设施与物品，如干湿纸巾、清洗台、流动水源、饮用水源，以及色彩、品种、材质多样的玩具等，能够辅助家长更好对婴幼儿进行护理。

B1-B5 生活照料设施

评价该指标时需要进行现场观察，确定数量上的比例问题，以及婴幼儿是否能够舒适自如地使用相关生活照料设施。

生活照料设施应根据婴幼儿身高的标准而不同。如坐便器高度以婴幼儿坐下时双脚能着地为宜；小便斗的高度应符合婴幼儿的身高，下边缘至地面的高度不得高于 30 厘米；洗手盆应在婴幼儿肘部的高度。

根据《上海市幼儿园装备指南》，幼儿园的洗手盆高度以幼儿洗手时水不沿手臂倒流为宜，高度宜为 50—55 厘米，宽度宜为 40—45 厘米。"宝宝屋"的相关数据可据此酌情降低。

图 27-1.2.1 B3：配备了矮凳，婴幼儿可以自我辅助从而自行洗手。

图 28-1.2.1 B3：盥洗室中配备充足的洗手池和便器。

"充足"是指，"宝宝屋"内幼儿和便器的数量比例不小于 5：1，幼儿和水龙头的数量比例不小于 5：1。

如果符合婴幼儿身高的生活照料设施数量充足，则将此项评为 3 分，否则评为 1 分。在符合婴幼儿身高的生活照料设施数量充足的情况下，如果能够做到易用且便捷，如坐便器、水龙头开关及洗手盆适合不同年龄幼儿舒适方便地使用，则评为 5 分。

C1-C5 生活照护区

生活照护区是"宝宝屋"为婴幼儿提供的一片专门区域，旨在满足婴幼儿日常生活中的基本自我照护需求，如饮水等。这一区域配备适合婴幼儿使用的设施和物品，帮助他们养成良好的生活习惯，促进自理能力的发展。

图 29-1.2.1 C3：生活照护区配备了基本的台面和纸巾等辅助设备。

如果没有设置该区域或该区域缺乏相关设备，例如没有桌椅或软垫，没有供婴幼儿喝水的台面等，则此项评为 1 分。若具备基本的生活照护区设备，能够满足婴幼儿的基本生活照护需求，例如有桌椅或软垫，有供婴幼儿喝水的台面，则此项评为 3 分。

"宝宝屋"不仅具备功能齐全的生活照护区设备，还特别注重设备的使用便利性，帮助婴幼儿养成良好的生活习惯。例如，桌椅或软垫设计合理，台面高度适中，配备有湿纸巾和干巾用于擦嘴，还有小镜子让婴幼儿可以对照着进行自我护理。设备布局合理，便于婴幼儿使用，环境舒适温馨，有助于婴幼儿形成良好的自我照护习惯和独立性，则此项评为 5 分。

1.2.2 桌椅橱柜

概述

桌椅橱柜是"宝宝屋"内专门为 1—3 岁婴幼儿的活动及物品收纳需求而设置的一系列功能性物品的总和。

1—3 岁婴幼儿处于认知和行为发展的重要时期，他们在日常活动中需要适合自身的桌椅橱柜辅助。合适的桌椅橱柜可以使婴幼儿在托育时段内保持良好状态，培养自我管理能力和独立性。对于"宝宝屋"而言，配备安全且适用的桌椅橱柜是提供优质托育服务的重要组成部分。

桌椅橱柜的评价主要聚焦于设施本身的安全性和适用性。桌椅高度适合婴幼儿使用，便于他们在自然坐姿下进行活动。其中特别关注低矮的开放式橱柜，确保其设计方便婴幼儿取用和存放玩具，同时减少倾倒的风险。开放式低矮橱柜和合理设计的储物格方便婴幼儿取用物品，减少交叉感染风险。这些设施有助于婴幼儿的自主性发展，培养他们的自我管理能力和独立性。

测量这一指标旨在为婴幼儿提供安全、便利且有助于其成长发

展的环境，评估"宝宝屋"在满足婴幼儿日常活动及物品管理需求方面的能力，确保婴幼儿在"宝宝屋"内能够安全舒适地进行活动，促进其自主性发展。

指标的详细说明

对该指标的评分主要涉及桌椅橱柜自身的质量与维护、尺寸适宜性、橱柜开放性和存储与管理四项。

A1-A3 质量与维护

"牢固"是指设施本身的一个属性，即使用时不会破裂、翻倒或坍塌。

图 30-1.2.2 A3：桌面虽有无法去除的划痕，但并没有危险的突出木质裂片。

评价时需注意，如果把一件家具放在一个容易碰跌的地方，那便属于安全问题，而不是设施牢固与否的问题。给这一指标评分时，需要测评人员现场观察所有的桌椅橱柜。

如果"宝宝屋"内的桌椅橱柜有一项存在设施维护不良或质量不佳的状况，存在安全隐患，则评为 1 分。与此同时，不必过于追求完美，如果仅存在一些小问题，只要不太可能构成安全威胁，则可将其评为 3 分。

B1-B5 尺寸适宜性

适合婴幼儿身高是指婴幼儿坐在桌前时，整个身体的姿势保持自然状态，身体坐直，肘部弯曲平放在桌面，两肩轻松平放，胸部脊柱不向前弯，脚自然地放在地面上，小腿与大腿成直角。玩具柜一般不高于 65 厘米[1]。

图 31—图 32-1.2.2 B3：婴幼儿坐下后桌面在肘部高度，脚能够触碰地面。

评估人员需注意，"大多数"在此处以 75% 的合格率为标准。如"宝宝屋"内有超过 75% 的桌椅和玩具柜适合婴幼儿身高，则可以将此项评为 3 分，否则评为 1 分。

为了确定是否满足 75% 的要求，观察者可以使用图表或表格图。下面是一个简单的图表示例，用于评价椅子和桌子是否适合婴幼儿使用。

儿童	儿童尺寸
1	是
2	不（椅子太高，会晃来晃去）
3	不（椅子太高，会晃来晃去）
4	是
5	是
6	不（椅子还好，桌子太高）

---

1. 此处可参考《上海市幼儿园装备指南》。身高范围在 90—104 厘米的幼儿，座面高应在 23 厘米，桌面高应在 43 厘米；身高范围在 83—97 厘米的幼儿，座面高应在 21 厘米，桌面高应在 40 厘米。

在 3 分的基础上，如果"宝宝屋"的桌椅橱柜考虑了不同年龄段婴幼儿的需要，如桌椅、玩具柜的尺寸体现出差异性和多样化，则可以将此项评为 5 分。

参考身高	女孩	男孩
12 个月	69.2—78.9 厘米	71.3—80.2 厘米
18 个月	75.2—86.2 厘米	77.2—87.3 厘米
24 个月	80.3—92.5 厘米	82.1—93.6 厘米
36 个月	87.9—102.2 厘米	89.1—103.1 厘米

数据来源：《上海市 0—3 岁儿童发展指南》（2024）

C1-C5 橱柜开放性

开放式的低矮橱柜由于高度较低，婴幼儿可以轻松够到橱柜内的玩具，没有门或挡板，方便婴幼儿直接看到和取用玩具，同时其低矮的设计降低了倾倒的风险，更加安全，适合婴幼儿独立使用。

评估人员在判断"宝宝屋"内的开放式低矮橱柜是否足够时，若是因为橱柜数量不足够才出现了物品摆放拥挤的情况，不利于儿童分辨和取用，则可认为不足够，评为 1 分。如果有足够的开放式低矮橱柜可供婴幼儿存取玩具，则将此项评为 3 分。

图 33—图 34-1.2.2 C3：充足的开放式设计低矮橱柜，物品摆放整齐。

如果低矮橱柜不仅具有开放式的设计,使幼儿可以方便地看到和取用存放的物品,而且这些橱柜的设计和结构具有灵活性,可以根据幼儿的游戏和活动需求进行调整和重新配置,则可以将此项评为5分。

这种灵活性和开放性确保了橱柜能够更好地支持幼儿的各种游戏活动和发展需求。如设置了可调节隔板,橱柜内部的隔板可以根据需要调节高度,使不同尺寸的玩具和材料都能合理存放;如具备模块化设计,橱柜由多个模块组成,可以组合成不同的形状和大小,以适应教室布局和活动需要。

D1-D5 存储与管理

"宝宝屋"内的婴幼儿必须各有一个不与别人共用的储物格,其空间可以存放其所有东西,这样可以保障个人卫生以及减少传染病的发生。

当婴幼儿个人物品像外套、额外的衣服、毛毯等没有得到合理的分隔,又或储物格满载,以致物品掉落在地上,或婴幼儿要共用储物格,则应该认为不充足,此时此项评为1分。

如果婴幼儿并不和他人共用储物格,此时个人物品略有接触(例如冬天大衣的衣袖突了出来,接触到其他婴幼儿的东西),或者其他物品有小问题,只需把这些物品适当地推回格内便可解决,此时储物格应视为足够,则此项评为3分。

如果不仅配备了充足且大小合适、不与别人共用的储物格,还特别注重储物格的设计和使用便捷性。每个储物格设计合理,高度适中,便于婴幼儿自行存取物品,进一步促进其独立性和自理能力的发展，此项则评为 5 分。

图 35—图 36-1.2.2 D5：储物格不与他人共用，高度适宜，婴幼儿可以自行存放和取用。

1.2.3 温湿度调节和测量设备

概述

温湿度调节和测量设备是"宝宝屋"环境设施中的重要组成部分，旨在为 1—3 岁婴幼儿营造适宜的室内温湿度环境。

适宜的温湿度对于婴幼儿的健康成长和舒适体验具有关键意义。1—3 岁婴幼儿的体温调节能力相对较弱，对环境温湿度变化较为敏感。在适宜的温湿度条件下，婴幼儿能够更加舒适地进行活动，减少因环境不适引发的烦躁、困倦等问题，从而更好地参与"宝宝屋"的各项活动，促进其身心发展。同时，良好的温湿度环境也有助于降低婴幼儿患病的风险，如过热可能导致中暑、脱水，过冷可能引发感冒、呼吸道疾病等，适宜的湿度可避免皮肤干燥、呼吸道黏膜受损等情况。这一指标的评估能够确保"宝宝屋"具备有效调节和监控室内温湿度的能力，为婴幼儿提供一个稳定、舒适且健康的活动空间。

"宝宝屋"的室内温湿度应当符合《托儿所、幼儿园建筑设计规范》JGJ 39-2016（2019年版）的标准，室内温度保持在20—24℃（冬季）和25℃左右（夏季），室内相对湿度保持在30%—60%（冬季）和40%—60%（夏季）。

指标的详细说明

对该指标的评分主要涉及温湿度调节和测量设备的配备以及运行情况共两项。

A1-A3 温湿度调节设备

"未配备制冷或保暖设备"是指房间内没有安装电风扇、空调、暖气等设备，无法提供基本的温度调节。这会导致婴幼儿在炎热的夏季或寒冷的冬季感到不适，甚至可能危及健康。

评价该指标时需要现场观察相关设施设备，并询问从业人员设备的运行情况。如果未配备或损坏，则将此项评为1分；如果配备且能正常运行，则评为3分。

图37—图38-1.2.3 A3：不同种类的温湿度调节设备。

B1-B3 温湿度测量设备

"宝宝屋"室内应配备可以正常使用的温湿度测量设备，测量设备应放置在通风良好的区域，避免靠近热源或受到阳光直射，以确保测量的准确性。否则，从业人员就无法监控室内的温度和湿度变化，此时如果环境温度和湿度不适宜，就会影响婴幼儿的健康和舒适感。

如果房间中安装了温湿度计，但却无法正常使用，例如温湿度计已损坏或老化，无法正常显示温度和湿度；温湿度计放置在通风不良、阳光直射或靠近热源的地方，导致读数失真；温湿度计放置在不易查看的位置，从业人员无法及时了解室内温湿度情况。

图 39-1.2.3 B3：温湿度计。

如果存在以上问题，则将此项评为 1 分，否则可以评为 3 分。

2.1.1 游戏区域设置

概述

"游戏区域设置"主要考察"宝宝屋"内供婴幼儿游戏的区域划分与布局。该指标关注供婴幼儿游戏的空间大小、区域划分的清晰性、各类游戏区的数量和多样性，以及不同区域间的功能分隔和互动性，以便为婴幼儿提供丰富适宜的游戏环境。

对于 1—3 岁婴幼儿，充足的活动空间可以促进他们的自由活动和充分探索；安静和动态游戏区的分隔可以减少动态游戏对安静游戏的干扰，使婴幼儿能够专注于不同类型的活动，提升游戏体验和安全性；多样化的游戏区可以满足婴幼儿对不同活动的需要，促进他们在运动、认知、社交等多方面的发展。

评估人员在考察该指标时，应根据"宝宝屋"最多能容纳的婴幼儿数量来考察游戏空间是否宽敞，尤其要关注婴幼儿在区域中的活动情况，从而综合判断环境设置是否有助于其安全、自由、连续地开展活动而不受干扰。

指标的详细说明

对该指标的评分主要涉及游戏空间大小、动静分隔、游戏区类型和游戏区分区四项。

A1-A5 游戏空间大小

充足的游戏空间对于婴幼儿的游戏至关重要，宽敞的游戏区域可以帮助婴幼儿在活动中自由爬行、走动或玩耍，同时也为他们提供了更丰富的探索环境。空间不足往往会导致拥挤，使得婴幼儿的活动受限、行为受到抑制，增加争执甚至发生碰撞的风险。

对"宝宝屋"游戏空间大小的评估应当根据该"宝宝屋"同一时段内可容纳的最大婴幼儿数量来进行计算，同时也要考虑桌椅橱柜等设施设备对婴幼儿游戏空间的影响。

在评估过程中，如果不考虑桌椅橱柜等设施设备的影响，可供每个婴幼儿游戏和活动使用的面积小于 3 平方米（即当"宝宝屋"同一时段内最多容纳 10 名婴幼儿，但"宝宝屋"总体使用面积小于 30 平方米时），则将此项评为 1 分。如果此面积达到 3 平方米及以上，则评为 3 分。如果除去桌椅橱柜所占据的面积，可供每个婴幼儿使用的面积达到 3 平方米及以上，则评为 5 分。

如果婴幼儿盥洗室位于"宝宝屋"内，其面积不计入游戏空间大小的计算评估。

B1-B5 动静分隔

在进行游戏区域设置时，应考虑将安静和动态的游戏区分开来。例如，把年龄小的婴儿和活动比较自如的幼儿分开，将图书和静态玩具放在非攀爬或奔跑区的地方。如果观察到动态游戏区（例如滑梯）设置在安静游戏区（例如积木区）的附近，且没有使用隔断或开放柜进行物理分隔，则将此项评为 1 分。

图 40-2.1.1 B1：使用 EVA 积木进行建构活动的婴幼儿可能会受到其他婴幼儿动态活动（滑梯）的干扰和影响。

如果没有观察到此类情况，在安静游戏区内的婴幼儿几乎不会受到动态游戏区婴幼儿活动的影响，则将此项评为 3 分。

图 41-2.1.1 B5："宝宝屋"内设立了单独的大运动活动区域，为婴幼儿提供了宽敞的运动空间。

在此基础上，如果房间中有独立的较大空间，单独设立了大运动活动区域，且该活动区域在排除设备所占面积后，可以达到生均 0.65 平方米（即当"宝宝屋"同一时段内容纳的最高婴幼儿数为 10 名时，该区域达到 6.5 平方米的独立面积），则可以将其评为 5 分。

C1-C5 游戏区类型

该指标要求"宝宝屋"内至少为婴幼儿提供三个不同类型的游戏区。如果不能满足这一条件，则将此项评为 1 分；如果评估人员观察到三个及以上不同类型的游戏区，则将此项评为 3 分；如果观察到五个及以上不同类型的游戏区，则可以评为 5 分。

图 42—图 43-2.1.1 C5："宝宝屋"内提供了超过五个不同类型的游戏区。

D1-D5 游戏区分区

该指标评价的是"宝宝屋"内游戏区的分区是否合理有序。

如果没有明显的游戏分区，或分区无序，例如将建构区与艺术区设置在同一个区域内，则将其评为 1 分。

图 44-2.1.1 D3：合理利用墙面和开放柜等对"宝宝屋"进行游戏分区

如果各游戏区之间适当有分隔，使用轻便的隔断、开放式储物柜或地毯进行功能分区，分区明确，并能合理利用墙面，以开放式或半开放式呈现，方便婴幼儿的进出和活动，则可以将此项评为 3 分。

在此基础上，如果可以灵活地设置游戏区，将有关联的游戏区设置在相邻位置，使得婴幼儿的游戏可以得到更加自然的联系和过渡（例如观察到相邻的建构区与探究区，婴幼儿可以方便地拿取探究区的一些玩具，将其运用到建构活动中），则将此项评为 5 分。

2.1.2 游戏环境创设

概述

"游戏环境创设"主要考察"宝宝屋"内的游戏环境设置是否舒适、友好，并能支持婴幼儿多样化的游戏和探索。该指标关注游戏空间的柔软度、空间利用的多样性和可变性、玩具材料的便捷取用及清晰分类，以营造符合婴幼儿认知发展和身心需求的温馨游戏环境。

1—3岁婴幼儿的游戏活动有其独特的特点，通常表现为较低的身体控制能力和较高的探索需求。因此适合在柔软舒适的地面区域进行活动。地面游戏可以让他们更安全地进行爬行、站立和行走等基本运动，减少因摔倒或磕碰带来的伤害风险。由于该年龄段婴幼儿的抓握和精细动作尚在发展，玩具存取的柜子和收纳盒的高度应符合他们的视线和手部能力，让他们能够轻松取放玩具，以激发自主探索的积极性。同时，透明、无盖或易打开的收纳盒设计有助于他们更容易辨识、选择并放回玩具，帮助他们形成初步的秩序感和物品归位的意识。这样的游戏环境不仅为他们提供了安全的探索空间，也为他们的早期认知和自主性发展提供了支持。

在对该指标进行观察评价时，核心在于评估环境是否充分满足婴幼儿的舒适性、自主性和探索性，是否能够让他们在游戏中获得愉悦、安全的体验。

指标的详细说明

对该指标的评分主要涉及环境舒适性、游戏环境多样化和游戏材料存取三项。

A1-A5 环境舒适性

此项主要考察"宝宝屋"是否能为婴幼儿的游戏提供舒适安心的环境。

游戏环境中的柔软设施可以减少婴幼儿在玩耍时跌倒或撞击造成的伤害，同时也可以提供舒适的触感和坐卧体验，使婴幼儿在游戏环境中感到更加舒适和放松。柔软设施包括一些地毯、垫子、枕头、软椅、蒲团、攀爬垫、沙发等。玩偶等软性玩具不可记为柔软的设施，此外一些柔软程度较低的设施（如质地较硬的地毯）也不可记为柔软的设施，评估人员应当充分考虑柔软设施对婴幼儿发生跌倒碰撞时可以提供的防护支持。

如果"宝宝屋"内大部分游戏区域没有柔软的设施，所有的表面都是硬的，或仅有几处有零散的柔软家具且其数量不足以支持"宝宝屋"内大部分婴幼儿的使用（例如仅有1—2个软椅或枕头，婴幼儿只能趴在坚硬的地面上进行积木建构），则将此项评为1分。如果观察到各个游戏区内因地制宜地为婴幼儿配备了柔软的地垫、靠枕等设施，可以满足"宝宝屋"内大部分婴幼儿的需要，则可以评为3分。

"类家庭化游戏环境"是指游戏环境与真实的家庭环境是相类似的，能让婴幼儿感受到熟悉和自由，在游戏环境中融入了许多在家庭中常见的设备，例如家中常见的靠垫、婴幼儿的小床垫等。类家庭化的游戏环境应当是多样化的，既有软的地面和墙面，也有硬的地面和墙面，相得益彰，而不是为了追求婴幼儿的绝对安全，将所有的地面、墙面都用软质材料包裹起来，从而剥夺了婴幼儿对不同质感材料的多样化体验。如果观察到以上情况，则可以将此项评为 5 分。

图 45-2.1.2 A3："宝宝屋"内铺满了柔软的爬爬垫，达到 3 分标准，但不能被评为"类家庭化游戏环境"。

图 46-2.1.2 A5：搭配家庭中常见的沙发和地毯，打造温馨舒适的"类家庭化游戏环境"。

B1-B5 游戏环境多样化

该项主要考察游戏环境类型是否是多样化的。

随着身体机能的发展，1—3 岁婴幼儿逐渐掌握爬行、站立、走路等基本动作，平衡能力和身体控制还不够成熟。因此，婴幼儿的游戏活动应当以地面游戏为主，以桌面游戏为辅，即为婴幼儿设置适当的地面环境（例如可供婴幼儿搭积木的地垫），则可以将此项评为 3 分。如果安置了过多的桌椅，主要通过桌面游戏的方式提供给婴幼儿，地面和墙面空间较少，则评为 1 分。

图 47-2.1.2 B5：合理利用空间创设多样化的游戏环境，兼具墙面游戏、地面游戏和桌面游戏。

如果在 3 分的基础上，可以合理地使用不同的空间为婴幼儿创设丰富的游戏环境，桌面、地面和墙面游戏相结合，则可以将此项评为 5 分。

C1-C5 游戏材料存取

对于游戏材料的合理摆放和收纳能支持婴幼儿自主性和探索能力的发展，同时有助于他们精细动作和手眼协调的提升。通过方便取用的设计，婴幼儿在独立存取物品中逐渐形成秩序感和自信心，增强活动的安全感，合理的存取设置还能促进他们对规则的学习。

在评估过程中，如果观察到"宝宝屋"内大部分游戏材料摆放杂乱，缺乏一定的秩序，则将此项评为 1 分。评估人员应当注意婴幼儿在游戏过程中可能会产生一些混乱，因此需要结合"宝宝屋"在非服务时段（即婴幼儿进入之前和离开之后）的游戏材料状态进行评估。

如果"宝宝屋"内大部分游戏材料能够做到摆放整洁，按照一定的分类进行收纳排列，且摆放和收纳可以体现出儿童友好的特点，则将此项评为 3 分。儿童友好应当体现在婴幼儿拿取和放回游戏材料没有任何障碍，可以使用透明无盖的收纳盒，让婴幼儿可以一眼看到每个收纳盒中的玩具或材料，并无障碍地拿取和放回。同时也可以投放一些可移动的收纳盒，以便婴幼儿将玩具材料搬运到自己喜欢的区域使用。

图 48—图 49-2.1.2 C3：游戏材料摆放整洁有序，便于婴幼儿取放。

在此基础上，如果能够使用一些便于1—3岁婴幼儿理解的标识来指引婴幼儿拿取和放回，例如使用一些照片、图片等，以引导婴幼儿的规则意识，则将此项评为5分。

图50-2.1.2 C5：玩具柜上贴了一些照片，方便婴幼儿将对应的玩具放回原处。

2.2.1 游戏材料提供

概述

游戏材料提供是指为"宝宝屋"内婴幼儿的游戏活动提供的玩具、物品及辅助工具，这些材料在婴幼儿的游戏和发展过程中扮演着重要角色。

1—3岁婴幼儿处于对世界充满好奇、渴望探索的阶段。他们开始发展自己的认知能力和想象力，通过触摸、摆弄各种物品来认识世界。"宝宝屋"通过提供多样、丰富的游戏材料，促进婴幼儿在动作与习惯、情感与社会、认知与探索、语言与沟通等诸方面的发展。这不仅能够增强幼儿的探索兴趣，也有助于他们通过游戏不断学习新知识和技能。这一部分的评价指标能够评估"宝宝屋"为婴幼儿发展提供的材料方面的支持程度，以确保提供的游戏材料能满足婴幼儿的需求，支持其全面发展。

评价游戏材料的提供，主要关注的是游戏材料配备的类别是否丰富多样，同一类别下的游戏材料品种和玩法是否有区分，足够支撑不同发展阶段的婴幼儿使用，以及同一类别下的玩具数量是否充足。游戏材料的提供，特别考虑是否具有适宜性，即是否符合婴幼

儿动作、认知、语言、情感与社会性等领域的发展特点。

游戏材料的类别涵盖了婴幼儿在动作与习惯、情感与社会、认知与探索、语言与沟通等多方面发展所需的各种材料，包括但不限于搭建类、拼插类、镶嵌类、拖拉类、扮演类、认知类、感知觉类、运动类、美工工具材料类等，每个类别都从不同角度为婴幼儿提供了探索和学习的机会，以促进其全面发展。

游戏材料品种是类别的下一级概念，具体指向某一类别玩具的品种，如运动类玩具包含滑梯、平衡木等不同品种。

指标的详细说明

对该指标的评分主要涉及各领域游戏材料配备、品种和玩法的丰富性、游戏材料配备数量及游戏材料形式多样性四项。

A1-A3 各领域游戏材料配备

这一项考察"宝宝屋"是否配备了与婴幼儿动作、认知、语言、情感、审美等领域发展相适宜的游戏材料，如搭建类、拼插类、镶嵌类、拖拉类、扮演类、认知类、感知觉类、运动类、美工工具材料类等。

评价该指标时需要现场具体观察"宝宝屋"内部所提供的游戏材料，而不是仅通过"宝宝屋"材料采购的名录来进行评定，因为材料是否采购并不等同于材料是否真实提供给婴幼儿使用。

评分时，如果符合婴幼儿动作与习惯、情感与社会、认知与探索、语言与沟通四个方面发展特点的游戏材料配备类别少于五类，计1分。如只提供了美工工具材料类、扮演类、拼插类三种类别的游戏材料，则计为1分。如不少于五类，则计为3分。

图51—图52-2.2.1 A3："宝宝屋"内配备了扮演类、认知类、运动类、益智类等多类玩具。

B1-B5 品种和玩法的丰富性

这一项考察"宝宝屋"在同一类别下的游戏材料的品种和玩法的丰富度。游戏材料的品种应丰富多样，从而满足不同年龄段和发展阶段的婴幼儿需求。品种指某类别玩具有不同的材质、大小或拼接方式，比如积木可以分为木质积木、EVA 积木、软胶积木等，又比如娃娃可以分为布娃娃、木偶、仿真人的橡胶娃娃或卡通娃娃等。玩法指某类别玩具配备多个不同的难度级别，从简单到复杂，逐步增加挑战。

具体可参考《上海市学前教育机构装备规范（试行）》中 0—2 岁儿童玩教具的配备要求以及托班、小班的配备部分。

评价该指标时需要现场具体观察"宝宝屋"内部所提供的游戏材料。如果没有明确的难度区分或品种单一，则将此项评为 1 分。如果可以观察到一些简单与困难的差异，例如能够同时提供一些具挑战性的和简单的材料给婴幼儿，则可以评为 3 分。

如果在此基础上，能够同时提供一些具挑战性的和简单的材料给所有婴幼儿，包括残障婴幼儿，并且可以有更多样的难度梯度，则可以评为 5 分。

图 53-2.2.1 B3：提供 EVA 积木、
乐高积木、磁吸积木等。

图 54-2.2.1 B3：提供不同主题和
玩法的嵌板类玩具。

值得注意的是，"宝宝屋"内往往配备不同类别的游戏材料。此项的最终计分为所有类别中得分最低类的游戏材料的得分。

C1-C5 游戏材料配备数量

这一项考察"宝宝屋"在同一类别下所配备的游戏材料数量，能否满足婴幼儿的需求。除了品种和玩法的多样性外，足够的数量同样重要，因为它能够确保多名婴幼儿同时使用，避免竞争，促进社交互动。

评分时需要现场观察"宝宝屋"内不同类别下所配备的游戏材料的数量，也要关注婴幼儿共同游戏时是否会产生争抢。例如，大型的滑梯虽然只配备了一个，但是可以供 2—3 名婴幼儿同时使用。又比如，"宝宝屋"内同时配备了三四个娃娃，能够支持多名婴幼儿使用。

如果每种游戏材料的数量能够满足至少两名婴幼儿同时使用，则可以将此项评为 3 分，否则评为 1 分。如果有大量的材料，让婴幼儿有选择并且减少对材料的竞争，则可以评为 5 分。

值得注意的是，"宝宝屋"内往往配备不同类别的游戏材料。此项的最终计分为所有类别中得分最低类的游戏材料的得分。

图 55-2.2.1 C5：多种多样、数量充足的娃娃可支持多名婴幼儿使用。

图 56-2.2.1 C5：大型攀爬设施虽只有一个，但可同时供 2 名以上婴幼儿使用。

D1—D3 游戏材料形式多样性

这一项考察"宝宝屋"内游戏材料提供形式的多样性，在此处关注低结构材料和真实生活物品的提供情况。

真实生活物品指的是那些与现实生活中实际使用的物品相似或

相同的材料，例如杯子、毛巾、勺子等，帮助婴幼儿理解和模仿日常生活。低结构材料指那些用途不固定、没有特定玩法的材料，如沙子、纸板、布料等，能够激发婴幼儿的创造力和想象力，让他们自主探索和发挥。

图 57-2.2.1 D3：真实且安全的日常厨房器具。

2.2.2 图书投放

概述

1—3 岁婴幼儿处于语言和认知发展的关键阶段，他们对色彩鲜艳、内容简单有趣的图书有着浓厚的兴趣。合理的图书投放是提供优质托育服务的重要内容。

合理的图书投放能够满足婴幼儿阅读需求方面的能力，应确保婴幼儿在"宝宝屋"内能够接触到丰富多样的图书资源，促进其语言和认知发展。

对该指标的测评旨在为婴幼儿提供丰富、有趣且有助于其成长发展的阅读环境。图书的形式和内容应丰富多样，摆放和收纳应方便婴幼儿取阅，确保婴幼儿能够轻松拿到图书，同时也便于他们在阅读后将图书归位，培养良好的阅读习惯。

指标的详细说明

对该指标的评分主要涉及图书数量、图书质量以及图书摆放与管理三项。

A1-A5 图书数量

评估该项时应当注意甄别图书是否适合婴幼儿，如果不适合，则不计入数量。

合适的图书应是保存完好，无明显的脏污撕毁；书页便于婴幼儿翻阅；有许多清晰的图片；在篇幅（一般不超过10页）和印刷字数上与婴幼儿的发展能力相匹配；没有暴力或恐怖内容；等等。

图 58—图 59-2.2.2 A3：适合婴幼儿的图书。

评估人员需要询问从业人员当前"宝宝屋"最高容纳婴幼儿的数量,根据此数据来计算"宝宝屋"内的生均图书数量。例如,当"宝宝屋"最高同时容纳 10 名婴幼儿,此时"宝宝屋"内共有图书 30 本,则可计算生均图书数量为 3 本。

生均数量如果少于 4 本,则评为 1 分;若介于 4—6 本,则评为 3 分;若大于 6 本,则评为 5 分。

B1-B5 图书质量

该项关注"宝宝屋"内的图书内容和种类。图书的内容多样是指在内容上不仅有虚构类的图书,还有非虚构类的图书;种类则可以分为玩具书、布书、触觉书、发声书等多种类型。

如果在观察中发现有严重不适合婴幼儿阅读的图书,例如:图书中有暴力或恐怖的内容;图书内容单一,如仅提供虚构类书籍;投放图书的种类单一。出现以上三种情况均将此项评为 1 分。如果所有的图书都适合婴幼儿的学习与发展特点,图书内容包含虚构与非虚构类且图书种类不少于 4 种,则将此项评为 3 分。

图 60-2.2.2 B3:多种类型的书籍。

在 3 分的基础上,如果图书的内容和种类丰富多样,则可以将此项评为 5 分。

C1-C5 图书摆放与管理

该项考察图书的摆放和管理。

如果图书的摆放杂乱无序,挤在一起或堆成一大堆,婴幼儿取阅困难，或是有较为严重的破损现象，则将此项评为 1 分。

如果图书摆放整齐，婴幼儿可以直观地查看到图书的封面并方便拿取，则可以将此项评为 3 分。如果有不会行走的婴儿在场，需要在地上放置一些图书，便于他们取阅。

图 61-2.2.2 C3：方便辨认的摆放方式

图 62-2.2.2 C5：在娃娃家区域摆有家庭主题的绘本

在此基础上，如果可以考虑到每个游戏区的特点，并根据其特点在不同游戏区中投放适合的图书，以供婴幼儿更加方便且自由地取阅，则可将此项评为 5 分。例如，可以在角色区中投放布书，在探索区中投放工具书。

2.2.3 材料安全与管理

概述

材料安全与管理是"宝宝屋"内专门为保障婴幼儿游戏活动安全、有序进行而对游戏材料进行管理的一系列措施的总和。

1—3 岁婴幼儿处于对世界充满好奇、探索欲旺盛的时期，他们在游戏中与各种材料互动。因此，游戏材料的安全、维护和管理至关重要。做好材料安全与管理是提供优质托育服务的关键环节。测量这一指标可以评估"宝宝屋"在保障婴幼儿游戏活动安全、卫生方面的能力,确保婴幼儿在"宝宝屋"内能够安全、愉快地进行游戏,促进其身心发展,同时也能提升家长对"宝宝屋"的信任度和满意度。

指标的详细说明

该指标的评分主要涉及游戏材料的安全与环保、卫生与维护以及管理状况三项。

A1–A3 安全与环保

该项主要考察游戏材料的安全性和环保性。

所有玩具都应符合《国家玩具安全技术规范》,其中,电动玩

图 63-2.2.3 A3:贴有安全认证标签的游戏材料。

具通过国家 3C 认证;自制玩具符合"装备规范"的安全要求;相关玩具还需符合《毛绒、布制玩具安全与质量要求》《婴幼儿推车安全要求》等。如果满足条件,则将此项评为 3 分,只要有一个不满足则评为 1 分。

B1–B5 卫生与维护

该指标主要考察玩具材料的维护状况。

为了保障婴幼儿的卫生和安全,所有的游戏材料应当以适宜的方式定期清洁消毒,并对其中缺件损坏的材料进行补充或替换。

如果发现游戏材料有明显脏污、缺件和损坏,或在观察中发现从业人员对材料的清洁消毒方式不当,则将此项评为 1 分。如果无明显的上述问题,则将

图 64-2.2.3 B3:从业人员对玩具材料进行清洗和消毒。

此项评为 3 分。

在此基础上,若"宝宝屋"内有完整的游戏材料清洁消毒等维护记录,则可以将此项评为 5 分。

C1-C5 游戏材料管理

该指标主要考察的是对游戏材料的管理。

"宝宝屋"应当有完备的游戏材料资产管理账册,确保材料的种类、数量和位置记录清晰,如能提供上述材料则可以评为 3 分,否则为 1 分。

在 3 分的基础上,评估人员需询问从业人员以及现场观察,如果"宝宝屋"能够做到定期轮换摆放出来的游戏材料,并有充足且适宜的空间存储保管暂时不用的游戏材料,则可以评为 5 分。

3.1.1 防护设施

概述

"防护设施"主要考察"宝宝屋"中用于预防和减少婴幼儿在日常活动中受到意外伤害的设备与措施,包括为婴幼儿提供物理上的安全保障以及提升其安全意识的辅助设施。

1—3 岁婴幼儿活动能力不断发展,探索周围环境的愿望不断增强,但他们的自我保护能力和危险意识尚未发展成熟,容易因环境中的隐患受伤。因此,完善的防护设施对于保障其身体安全和促进其健康成长至关重要。在"宝宝屋"中,必要的防护设施不仅能保护婴幼儿免受碰撞、跌倒、夹伤等潜在危害,还为他们学习规则、增强自我保护能力提供了支持。

由于"宝宝屋"依托社区综合服务设施而建设，可能存在一些非适童化的结构，因此评估人员在对"宝宝屋"内的防护设施进行评估时，应当首先关注"宝宝屋"内是否存在严重的安全隐患，并重点考察对安全隐患所设置的防护设施是否合理得当，是否能够为婴幼儿的安全起到足够的防护。

指标的详细说明

对该指标的评分主要考察"宝宝屋"内的风险因素及其防护设施。

A1-A5 风险因素及其防护设施

该项主要考察"宝宝屋"的环境中是否存在造成严重安全问题的风险因素，以及"宝宝屋"是否针对风险采取适宜的防护设施。

以下列出一些可能存在的风险因素（实际观察和评估中可能出现其他的风险因素），如果发现任何可能存在风险的问题，则将此项评为1分：

● 活动区域内不得有锋利的边角和突出物，家具棱角处有防护。

● 易翻落的地方，如窗台、阳台等不得设置婴幼儿可攀爬的栏杆，不得摆放婴幼儿可攀爬的物品。

● 如室内窗台面距楼地面高度低于1.1米，需有防护措施。防护围栏的杆间净距离不大于9厘米。

● 婴幼儿能接触到的房门、橱柜门等开合处，应安装防止婴幼儿夹伤的保护装置。

● 电源插座采用安全型电源插座，安装高度不低于1.5米，低于1.5米时有安全防护设施。

● 桌椅、玩具柜等设施的外表、内表及婴幼儿手指可触及的隐蔽处，均不得有锐利的棱角、毛刺以及小五金部件的锐利尖端。

●严禁将化学试剂、药品、玻璃制品以及棱角锐利的物品等作为玩具材料或放在婴幼儿可以触及的地方；消毒剂和消毒器械应妥善保存，有专人保管，存放安全，标识醒目，避免婴幼儿误食或对婴幼儿造成灼伤等伤害。

●玩教具及零配件中的小零件直径不得小于 31.75 毫米。

●磁性玩具中的磁体和磁性部件，其磁通量指数应小于 50 kG^2mm^2，或不得为小零件（不能完全容入小部件测试量筒）。

●运动器械禁止使用不锈钢材质，运动器械上不得有遮挡视线的装饰物。

●自制玩教具在设计、选材、制作和使用时，应避免婴幼儿使用不当造成伤害。

图 65-3.1.1 A3：在有可能造成婴幼儿磕碰风险的橱柜边缘贴上防撞条。

如果未发现有造成严重危险的因素，则将此项评为 3 分。

在此基础上，如果可以在环境中融入安全教育，通过张贴简明易懂的安全提示画，帮助婴幼儿理解规则，提高安全意识，则将此项评为 5 分。但如果这些安全教育的展示位置在婴幼儿无法看到或看清的位置，则不能将此项评为 5 分。

3.1.2 安全防控

概述

"宝宝屋"主要依托于社区综合服务设施构建，因而面临人员构成复杂的问题。因此，有必要实施一系列针对性的安全防控策略，以预防可能的外部入侵及突发安全事件，确保"宝宝屋"内人员和财产安全的工作。

"安全防控"主要考察"宝宝屋"配置安保人员、监控设备、紧急报警装置以及门禁系统等一系列安全保障措施，其主要目标是最大限度减少婴幼儿在"宝宝屋"内活动期间面临的安全风险。

评估人员在对该指标进行观察评分时，应注意考察是否配备合格的安保人员以及他们的在岗状态是否合乎规定，对于技术监控设备的考察应确保设备使用情况良好、安全录像无盲区且具有足够的存储时间。

指标的详细说明

对该指标的评分主要涉及人防要求和技防要求两项。

A1-A3 人防要求

为了保障"宝宝屋"的安全，每个"宝宝屋"都应当配备专职的保安员负责安全工作，以便能及时发现和处理潜在的安全隐患。

保安员应持有《中华人民共和国保安员证》上岗，每年应至少参加一次由公安部门组织的保安员轮训。保安员在"宝宝屋"活动期间始终在岗，配备塑胶短保安棍和盾牌，确保活动期间的安全。如果符合，则将此项评为 3 分，否则评为 1 分。

图 66-3.1.2 A3：配备保安棍和盾牌的保安员在"宝宝屋"门口值岗。

B1-B5 技防要求

为了预防可能的外部侵入和突发安全事件，"宝宝屋"内应安装紧急报警装置和视频监控系统。

门卫室、接待前台或活动区域、生活区域，应在隐蔽、便于操作的部位安装紧急报警装置，并应设置为不可撤防模式。紧急报警系统应与区域报警中心联网。

图 67-3.1.2 B3："宝宝屋"内安装了紧急报警装置。

图 68-3.1.2 B3："宝宝屋"内安装了全覆盖的视频监控系统。

视频监控系统应对出入口、接待处、活动区域、生活区域及监控中心等进行全覆盖。监控图像应能清晰显示监控范围内人员的体貌特征、活动情况、操作全过程。视频监控录像保存时间应不少于 30 天，并支持与所在街道或者普陀区托育服务指导中心联网。

如果"宝宝屋"能够符合以上两个要求，则将此项评为 3 分，否则评为 1 分。

有条件的"宝宝屋"可以设置门禁系统，门体应配合门禁系统进行管控，如果观察到"宝宝屋"有可以正常使用的门禁系统，则将此项评为 5 分。

3.2.1 卫生消毒

概述

卫生消毒主要考察"宝宝屋"内是否配备适于托幼机构使用的消毒药械，以及是否定期对各类设施设备和游戏材料等进行清洁和消毒。"宝宝屋"的环境、空气和物体表面等经检测应当符合《托幼机构消毒卫生规范》（DB31/T8-2020）的有关标准要求。

1—3岁婴幼儿免疫系统尚未发育成熟，抵抗力较弱，此外婴幼儿喜欢通过触摸物体或将物品放入口中来探索周围的环境，因此更易受到环境中细菌、病毒等病原体的影响。必要的清洁和消毒工作可以确保环境中有害微生物得到有效控制，预防传染病的传播，保护婴幼儿的健康。

在对该指标进行评估时，不仅要查验相关的消毒药械，也应考察对不同物品是否按照材质特性进行相应的消毒处理，并有清晰的清洁消毒记录以便追溯管理。

指标的详细说明

对该指标的评分主要涉及消毒药械、设施设备清洁消毒和游戏材料清洁消毒三项。

A1-A3 消毒药械

消毒药械是对消毒剂和消毒器的合称，指用于杀灭传播媒介上的微生物，使其达到消毒或灭菌要求的制剂或器械。

"宝宝屋"室内应配备足量、齐全的消毒剂和消毒器械，至少应配备可用于物体表面消毒和手消毒的消毒剂，并确保其在使用有效期内。消毒剂优先选择刺激性小的、环保型的消毒剂，所使用的

图 69-3.2.1 A3："宝宝屋"内配备的呕吐腹泻应急处置包。

消毒药械应符合国家消毒产品相关规定，须有有效消毒产品卫生安全评价报告及备案，并达到相应的卫生要求。

此外，"宝宝屋"内还应配备至少一个呕吐腹泻物应急处置包，并配有相关的操作流程。如果符合上述条件，则将此项评为 3 分，否则评为 1 分。

B1-B3 设施设备清洁消毒

"宝宝屋"室内设施设备表面以清洁为主，受到污染后随时进行清洁和消毒。评估人员可观察从业人员的清洁消毒工作是否符合标准流程，同时辅以清洁消毒管理记录作为评价依据。

● 在婴幼儿来"宝宝屋"活动前，从业人员应按规定做好"宝宝屋"室内环境的消毒工作，确保环境卫生整洁。

● "宝宝屋"活动结束后，从业人员应做好活动环境的整理工作，用消毒水擦拭桌面、地面、墙面、护栏等婴幼儿可接触到的物体表面。

● 对于地面一般采用清水或清洁剂湿式拖拭清洁，清除地面的污迹；当受到血液、体液、排泄物、呕吐物或分泌物污染时，清除污染物后，及时使用 250mg/L—500mg/L 含氯消毒剂拖拭、擦拭或喷洒消毒 15—30 分钟，或按产品说明书拖拭、擦拭或喷洒消毒。

● 桌面等普通物体表面可使用消毒湿巾、清洗消毒剂或使用 100mg/L—250mg/L 含氯消毒剂擦拭或喷洒消毒 15—30 分钟，或按产品说明书擦拭或喷洒消毒。消毒完成后，及时使用清水去除物表上的消毒剂残留。

●婴幼儿使用盥洗室后，须及时擦干水渍，保持地面、台面干燥。活动结束后按规定做好盥洗环境的消毒与保洁工作，可使用消毒湿巾、清洗消毒剂或使用 500mg/L—1000mg/L 含氯消毒剂擦拭或浸泡消毒 15—30 分钟，或按产品说明书擦拭或浸泡消毒。

●不同的区域使用不同的拖布和抹布，做好标志。盥洗室的拖布、抹布应专用。一次性抹布在每次清洗工作结束后丢弃；拖布和重复使用的抹布用完后应洗净、干燥后存放；清洁桶应在每次使用后用温水和清洁剂清洗，充分干燥后倒置储存。清洁用具每日消毒 1—2 次。

如果评估人员观察到"宝宝屋"的设施设备清洁消毒符合标准流程，并有相应的管理记录，则将此项评为 3 分，否则评为 1 分。

图 70-3.2.1 C3："宝宝屋"从业人员对室内环境进行清洁消毒。

图 71-3.2.1 C3：不同区域的抹布分开放置。

C1-C3 游戏材料清洁消毒

不同游戏材料因其特性、耐用性和安全性要求，须采用特定清洁消毒方法。这样才能确保清洁效果，保护材料不受损害，预防交叉污染，同时也有利于提高成本效益和环保性，提高从业人员操作的便利性。

以下列出一些不同材质可选择的适宜消毒方法：

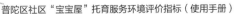

●玩具和大型器械的表面应定期用清水清洗，可以使用洗涤剂或抗菌清洁剂与温水清洗，以加强污垢的去除效果，有缝隙的玩具还可用刷子刷洗。

●耐热耐湿物品可用流通蒸汽100℃作用20—30分钟，或煮沸消毒作用15—30分钟。

●塑料、橡皮、木器类可使用消毒湿巾、75%乙醇、100mg/L—250mg/L含氯消毒剂或清洗消毒剂擦拭，或浸泡消毒15—30分钟，或按产品说明书擦拭或浸泡消毒，清洗晾干后备用。

●纸质、长毛绒类可置阳光下暴晒4小时以上，或按说明书使用臭氧消毒柜消毒。

图72-3.2.1 C3：游戏材料清洁消毒管理记录。

一般情况下，玩具以日常清洗清洁为主，每周清洗消毒一次；纸质书籍宜每两周暴晒消毒。评估人员主要通过查看管理记录对此项进行评分，如果记录清晰且相应的清洁消毒方式得当，则将此项评为3分，否则评为1分。

3.2.2 健康管理

概述

健康管理主要指对婴幼儿进入"宝宝屋"前进行的日常健康检查以及对其健康状况的记录管理。

1—3岁婴幼儿正处在身体和免疫系统发育的关键期，易患感冒、腹泻等疾病，且对环境变化敏感。健康管理不仅能及时发现幼儿的身体不适或早期症状，有助于防止疾病传播，还能记录幼儿的健康发展状况，提供科学的照护依据，从而保障幼儿的安全与健康。

"宝宝屋"的健康管理主要参考《托儿所幼儿园卫生保健工作规范》的相关规定。

指标的详细说明

对该指标的评分主要涉及对婴幼儿的健康检查和记录。

A1-A3 健康检查和记录

健康检查和记录对"宝宝屋"的科学管理有着至关重要的作用。健康检查是预防疾病传播的第一道防线，能使从业人员可以在婴幼儿进入集体环境之前发现潜在的身体异常，以阻断可能的风险。细致的检查和记录也能向家长展示"宝宝屋"对健康管理的重视，增强家长对"宝宝屋"的信任。

每日婴幼儿进入"宝宝屋"前，从业人员应对婴幼儿的健康状况进行询问与观察，做到"一摸、二看、三问、四查"，其具体要求如下：

一摸：检查婴幼儿有无发热现象，可疑者测量体温。

二看：观察婴幼儿精神状态、面色等，有无传染病的早期表现，手足有无疱疹，咽部有无溃疡，皮肤有无皮疹等。

图 73-3.2.2 A3：从业人员在婴幼儿进入"宝宝屋"前对其进行询问和观察。

三问：询问婴幼儿饮食、睡眠、大小便情况。

四查：检查婴幼儿是否携带不安全的物品，发现问题迅速处理。

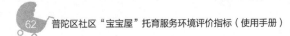

如果发现婴幼儿身体、精神、行为异常时，应请家长及时带回就医；当发现婴幼儿携带小型刀具、纽扣、打火机、火柴、石头等危险物品时，从业人员应及时交还家长保管。

如果"宝宝屋"的健康检查符合规范且有相应的管理记录，则将此项评为3分，否则评为1分。

附：普陀区社区"宝宝屋"托育服务环境评价指标表

一级指标	二级指标	三级指标	不足（1）	合格（3）	优良（5）	打分	评分理由	改进意见
1.空间环境	1.1室内空间	1.1.1空间布局	A1 房间结构中存在一些明显的隐蔽角落和盲区，在其中的婴幼儿很难被照护者看到。	A3 房间的结构可能会阻挡照护者的视线，但有两名照护者同时在场时，这种情况可以避免。（如在L形的房间中，处在房间一边的照护者无法看到另一边的情况，可由另一位照护者看看。）	A5 房间结构方正，照护者可以方便地看到所有婴幼儿。			
			B1 房间布局设计欠佳（如通行的地方有很多拐角；婴幼儿的活动空间被较多的桌椅橱柜所占。）	B3 房间布局设计合理，桌椅橱柜等设施、设备的摆放使婴幼儿有开阔的活动空间，且有一条不穿越游戏区域的通道。	B5 房间布局设计体现出儿童友好的特点，以方便婴幼儿轻松自如地活动。			
		1.1.2采光通风	A1 房间采光不足。	A3 室内明亮均匀，且有直接的自然光源。	A5 照明和自然光可调节。（如设有可调节的百叶窗或窗帘。）			
			B1 通风条件不足，房间湿热有异味。	B3 可以通过打开窗户及门来实现自然通风，室内空气流通顺畅。	B5 可以通过空气循环通风、新风等实现机械辅助通风，照护者可以在"宝宝屋"内方便地操作调节。			

（续表）

一级指标	二级指标	三级指标	不足（1）	合格（3）	优良（5）	打分	评分理由	改进意见
1.空间环境	1.1 室内空间	1.1.3 空气质量	A1 室内空气质量检测不符合标准。	A3 室内空气质量检测符合标准，并能够提供室内空气质量检测报告。				
		1.1.4 室内卫生	A1 修缮不善。（如墙壁或天花板涂料剥落，地板粗糙破损。）	A3 修缮良好，室内地面平整，墙壁或天花板涂料没有剥落。				
			B1 室内空间疏于打理。（如地板及地毯上有积灰和污垢，水槽肮脏，踢脚线或围围柜周围积累了大量灰尘。）	B3 室内空间干净整洁。	B5 房间内使用的材料耐用且易于清洁。			
		1.1.5 活动区域	A1 室内没有可供婴幼儿休息或安静游戏的舒适区。	A3 房间内至少有一处舒适区，配备了丰富的软质家具和柔软材料。	A5 房间内有多处温馨的舒适区，配备了丰富的软质家具和柔软材料，且不受动态游戏的干扰。			
			B1 未设置独立的低幼活动空间。	B3 设置了安全的低幼活动空间，方便尚不能独立行走的婴幼儿活动。	B5 充分考虑低幼活动空间的舒适性和安全性，并为不能独立行走的婴幼儿提供适宜其月龄的丰富材料。			

（续表）

一级指标	二级指标	三级指标	不足（1）	合格（3）	优良（5）	打分	评分理由	改进意见
1. 空间环境	1.1 室内空间	1.1.5 活动区域	C1 "宝宝屋"附近没有适合婴幼儿使用的盥洗区，或盥洗区设立在离"宝宝屋"较远的位置。	C3 盥洗区设立在邻近"宝宝屋"的位置，照护者及婴幼儿可以方便地抵达。	C5 盥洗区设立在"宝宝屋"内，方便婴幼儿安全自主地使用。			
			D1 "宝宝屋"没有适合婴幼儿的陈列。	D3 在婴幼儿可以看到的地方有许多色彩丰富的陈列，包括一些二维的图片、海报、照片和一些三维立体的材料。	D5 "宝宝屋"内陈列了一些照片、图片或婴幼儿熟悉的艺术作品，并有明显的迹象表明陈列材料定期更换。			
	1.2 设施设备	1.2.1 日常照料设施设备	A1 缺少或未配备功能齐全的婴幼儿日常照料设施设备。	A3 有齐全且功能齐全的婴幼儿日常照料设施配备。	A5 婴幼儿日常照料设施具备功能齐全性、布局合理、环境舒适。			
			B1 符合婴幼儿身高的洗手槽（盆）、坐便器、小便斗等生活照料设施不足。	B3 符合婴幼儿身高的洗手槽（盆）、坐便器、小便斗等生活照料设施无足。	B5 符合婴幼儿身高、坐便器、小便斗等生活的洗手槽（盆）、便器照料设施无足且照料设施符合方便地使用。			
			C1 缺少生活照护区设备。	C3 有功能齐全的生活照护区设备。	C5 生活照护方便，易于儿童养成良好生活习惯。			

（续表）

一级指标	二级指标	三级指标	不足（1）	合格（3）	优良（5）	打分	评分理由	改进意见
1.空间环境	1.2 设施设备	1.2.2 桌椅橱柜	A1 设施维护不良或质量不佳，存在安全隐患。（如木质器材钉子、椅子腿不稳等。） B1 桌椅、玩具柜都不适合婴幼儿身高。 C1 缺乏开放式的低矮橱柜或其他存放玩具的设施。 D1 没有配备用于储存婴幼儿个人物品的大小合适且不与别人共用的储物格。	A3 所有设施牢固并保养良好。 B3 大多数是适合婴幼儿身高的桌椅、玩具柜。 C3 有足够的开放式的低矮橱柜或其他存放玩具的设施。 D3 用于储存婴幼儿个人物品的储物格配备不足，大小合适且不与别人共用。	B5 提供了适合婴幼儿身高的桌椅、玩具柜，并考虑了不同年龄段婴幼儿的需要。 C5 提供的低矮橱柜能够灵活运用开放式设计，满足婴幼儿的游戏需求。 D5 储物格设计方便，便于婴幼儿单独存取个人物品。			
		1.2.3 温湿度调节和测量设备	A1 未配备电风扇或空调等制冷或保暖设备。 B1 未配备温湿度计，或温湿度计未能有效发挥作用。	A3 配备有电风扇或空调等制冷或保暖设备。 B3 温湿度计可有效监控室内温度和湿度在适宜范围。				

（续表）

一级指标	二级指标	三级指标	不足（1）	合格（3）	优良（5）	打分	评分理由	改进意见
2. 游戏环境	2.1 环境设置	2.1.1 游戏区域设置	A1 空间拥挤，可供婴幼儿的游戏空间太小。（如大部分地面空间被设施设备占据；没有为婴幼儿设立独立的游戏区。）	A3 有足够的空间供婴幼儿游戏。	A5 有宽敞的空间供婴幼儿游戏。			
			B1 多类活动区规划混乱，安静活动区域容易受到嘈杂活动区域/动态活动区域的干扰。	B3 将安静活动区域与嘈杂活动区域/动态活动区域适当分隔，为婴幼儿的游戏提供方便。	B5 有相对独立的大运动活动区域，在大运动活动区域玩耍时不会影响到其他安静游戏区域的婴幼儿。			
			C1 为婴幼儿提供的游戏区的类型少于3个。	C3 为婴幼儿提供3~4个不同类型的游戏区，并为这些活动提供合适的空间，满足婴幼儿选择游戏的权利。	C5 为婴幼儿提供5个及以上不同类型的游戏区，并为这些活动提供合适的空间，满足婴幼儿多样化的游戏需要。			
			D1 游戏区无明显分区，或区域划分无序。	D3 游戏区分区有序，通过玩具柜的合理摆放呈现半开放/全开放的格局，便于婴幼儿进出。	D5 游戏区的设置灵活多样，相邻的游戏区域通过关联，方便婴幼儿从一种游戏自然过渡到另一种游戏。			

（续表）

一级指标	二级指标	三级指标	不足（1）	合格（3）	优良（5）	打分	评分理由	改进意见
2. 游戏环境	2.1 环境设置	2.1.2 游戏环境创设	A1 婴幼儿游戏时缺乏丰富的设施。	A3 提供舒适的游戏环境，婴幼儿可在地毯或垫子等较软的地方或桌上游戏和活动。	A5 营造温馨舒适的类家庭化游戏环境，呈现真实、熟悉、多样化的特点，以帮助婴幼儿尽快适应。			
			B1 婴幼儿的游戏环境单一，以桌面游戏为主，桌椅占据了过多的空间。	B3 婴幼儿的游戏以地面游戏为主，有适量的桌椅以供婴幼儿的桌面游戏使用。	B5 为婴幼儿创设多样化的游戏环境，融合地面、桌面和墙面，以便婴幼儿自主选择适宜的环境。			
			C1 玩具柜上的游戏材料摆放杂乱，收纳没有分类标准。	C3 玩具柜上的游戏材料摆放整齐，收纳采用无盖、透明、可移动的收纳盒，便于婴幼儿的取用和存放。	C5 玩具柜的设置具体现儿童友好的特点，通过张贴符合1~3岁婴幼儿认知的分类标识以引导婴幼儿物归原处。			
	2.2 材料提供	2.2.1 游戏材料提供	A1 符合婴幼儿动作与习惯、情感与社会、认知与探索、语言与沟通四个方面发展特点的玩具配备类别少于五类。	A3 符合婴幼儿动作与习惯、情感与社会、认知与探索、语言与沟通四个方面发展特点的玩具配备类别不少于五类。				
			B1 游戏材料品种和玩法、难度单一。	B3 游戏材料品种和玩法、难度最少各有两种。	B5 游戏材料品种和玩法、难度多于两种，能够满足不同发展阶段的婴幼儿需求。			

（续表）

一级指标	二级指标	三级指标	不足（1）	合格（3）	优良（5）	打分	评分理由	改进意见
2. 游戏环境	2.2 材料提供	2.2.1 游戏材料提供	C1 游戏材料数量不能满足两个儿童同时使用。	C3 游戏材料数量最少要能够满足两个儿童同时使用。	C5 游戏材料有较多选择空间。			
			D1 真实的生活物品和低结构材料配备不足。	D3 真实的生活物品和低结构材料配备充足。				
		2.2.2 图书投放	A1 可供每名婴幼儿取用的图书少于4本。	A3 每名婴幼儿可取用4—6本图书。	A5 可供每名婴幼儿取用的图书多于6本。			
			B1 投放的图书不适合婴幼儿阅读，且种类少于4种。	B3 图书适合婴幼儿阅读（以图为主，而不是以文字为主），图书的种类不少于4种。	B5 图书的内容和形式丰富多样，以满足婴幼儿的不同兴趣和需要。			
			C1 大多数图书的摆放杂乱且有破损现象。	C3 大多数图书摆放整齐且完好无损。	C5 分散投放部分图书，满足婴幼儿在社区区域活动中能自由地取阅图书。			
		2.2.3 材料安全与管理	A1 游戏材料不符合安全环保的国标要求。	A3 游戏材料认识或符合安全卫生要求。				
			B1 游戏材料有损坏、缺件或损坏，未能以适宜的方式和规范的程序定期对游戏材料进行维护。	B3 根据需要定期、有序更换/增添游戏材料。定期对玩具进行检查和维护，确保玩具不缺件、无损坏。	B5 对无教具的维护和管理有相应的记录在册。			

（续表）

一级指标	二级指标	三级指标	不足（1）	合格（3）	优良（5）	打分	评分理由	改进意见
2. 游戏环境	2.2 材料提供	2.2.3 材料安全与管理	C1 缺少玩具资产管理账册。	C3 有完备的玩具资产管理账册、确保材料的种类、数量和收纳位置记录清晰。	C5 定期轮换摆放出来的玩具，并有充足的空间收纳暂时不用的玩具。			
3. 保育照护	3.1 安全保障	3.1.1 防护设施	A1 房间中存在可能导致婴幼儿严重损伤的风险因素并缺乏必要的防护设施。	A3 房间中不存在可能导致婴幼儿严重损伤的风险因素或采取了必要防护设施避免了婴幼儿受损的风险。	A5 通过张贴简明易懂的安全提示画，帮助婴幼儿理解规则，提高安全意识。			
		3.1.2 安全防控	A1 未配备安员。	A3 配备一名具备资质的保安员，婴幼儿在"宝宝屋"活动期间在岗，确保婴幼儿安全。				
			B1 安全设施设备配置不齐全。	B3 安全设施设备齐全。紧急报警装置与区域报警中心联网；安装全覆盖的监控设备，监控录像资料保存期不少于30天。	B5 配备门禁系统，门体应配合门禁系统进行管控。			
	3.2 卫生保健	3.2.1 卫生消毒	A1 未配备消毒药械或配备不足量。	A3 配备足量的消毒药械，并达到相应的卫生要求。				

（续表）

一级指标	二级指标	三级指标	不足（1）	合格（3）	优良（5）	打分	评分理由	改进意见
3.保育照护	3.2 卫生保健	3.2.1 卫生消毒	B1 未按标准流程对设施设备进行每日清洁消毒或缺少相应的管理记录。	B3 按照标准流程对设施设备进行每日清洁消毒并有相应的记录在册。				
			C1 未对游戏材料采取合适的清消毒或缺少相应的管理记录。	C3 根据游戏材料的不同材质采取相应的清洁消毒方法，做好日常清洁消毒记录在册。				
		3.2.2 健康管理	A1 未按规范对婴幼儿进行健康检查或缺少相应的管理记录。	A3 按规范要求为婴幼儿进行健康检查，做到"一摸、二看、三问、四查"并做好管理记录。